東洋文庫898

クレットマン日記

若きフランス士官の見た明治初年の日本

ルイ・クレットマン
松崎碩子訳

平凡社

装幀　原　弘

目次

ルイ・クレットマン

クレットマン日記（にっき）

若きフランス士官の見た
明治初年の日本

ルイ・クレットマン
松崎碩子（まつざきせきこ）訳

凡例

1　本書は、*Deux ans au Japon, 1876–1878: journal et correspondance de Louis Kreitmann, officier du génie*, transcription de Pierre Kreitmann, revue et annotée par Kaoru Baba, Francine Hérail, Sekiko Matsuzaki-Petitmengin, Elisabeth Weinberg de Touchet, Collège de France, Institut des Hautes Études Japonaises, Paris, 2015 のうち、日記部分の翻訳である。フランシーヌ・エライユの序文と保谷徹の論文も収録した。ただし、保谷論文は原日本文による。

2　外国の人名、地名など固有名詞のカタカナ表記は日本で一般に通用している表記を採用した。

3　日本の人名、地名などで確認できなかったものはカタカナで表記した。

4　原著の注はフランスの読者向けに付けられているので、本書では日本の読者用に訳者が新たに付けた。

5　注は本文末にまとめて掲載した。ただし短い注は［　］内に入れて本文中に挿入した。

序

フランシーヌ・エライユ

第二次フランス軍事顧問団のメンバー、ルイ・クレットマンの令孫ピエール・クレットマン氏がコレージュ・ド・フランス日本学高等研究所と連絡をとりはじめたのは一九九六年の末である。彼はその前から、手帳、書簡、日本での講義録、地図、書籍など、ご祖父が日本から持ち帰った資料の整理に携わっていた。そして、これら資料の解読を始めていたが、日本語の判読に援助が必要となった。多くの地名は正しく記載されておらず、また、図版入りのアルバムの鑑定に関しても助けが必要だった。

ルイ・クレットマン（一八五一—一九一四）はストラスブールに生まれ、一八七一年、上位の成績でエコール・ポリテクニック（理工科大学）に入学した。その後、普仏戦争敗戦後にはフォンテーヌブローに設置されていた工兵実習学校に学び、一八七四年首席で卒業した。一八七五年暮、日本に向け出発した時は中尉であった。一八七六年二月から、陸軍士官学校で地形測量法、築城学、ついでに化学を講義した。陸軍士官学校は将来の士官を養成するため、一八七五年、東京に設立された学校である。任期末には教務主任となり、大尉に昇級、一八七八年五月、離日。その後、大将の位まで進み、一九一二年、自らの希望で退官した。滞日中、春と夏の休暇には、箱根と伊豆地方、日光や浅間山周辺、関西と京都など諸地方を旅行する機会を得た。その他の日々は授業を行い、秋には、東京の東、六方野原（ろっぽうのはら）や習志野原（ならしのはら）の軍事野戦演習場で数週間過ごした。

この日本での滞在は、彼にとって、フランスの駐屯地での生活から逃れ、非常に興味深い仕事に携わるよい機会となった。担当する授業を行ったおかげで知識を深めたと告白しているし、両親や友人に、ドイツ語やフランス語の軍事に関する新刊書を送るよう、たびたび依頼している。日本を離れるのは残念であったようである。日本側は契約を更新するつもりでいた。しかし、彼は他に野心を抱いていた。日本勤務は、優秀な若き士官にとって、その報酬として支払われるはずの輝かしいキャリアにおける幕間の寸劇に過ぎなかったのである。彼は、アルザス地方がフランスに復帰するのを待たず一九一四年に逝去した。

クレットマンが遺した資料は一九九九年、国文学研究資料館の調査団によって調査された。一行はマルセイユのピエール・クレットマン氏の自宅で一日を過ごし、地図や日本語に翻訳された教科書など、日本語のいろいろな資料を撮影した。図版入りのアルバムは、フランス国立図書館の小杉恵子氏により、徳川御三卿（ごさんきょう）の一、田安（たやす）家に伝わるものと確認された。このアルバムは、火事、怪獣、能装束、外国の風習などいろいろな主題を扱っており、多くの巻が東京国立博物館で所蔵されている。また、コレクション中の逸品、ルイ・クレットマンが撮影もしくは購入した五三五点の古写真のうち一二〇点の展覧会が二〇〇〇年、横浜開港資料館で開催された。

ピエール・クレットマン氏がコレージュ・ド・フランス日本学高等研究所にご祖父が日本から持ち帰った資料を寄託された時、滞在記の出版が計画された。しかし、地名、人名などの読み方や確認が難航し、その他の事情も加わって、その実現が遅れ、このたびやっと出版される運びとなった。

ある時期、特に旅行の際にはほとんど毎日つけていた日記が書かれている手帳や、ルイ・クレットマンが書き送った七三通の書簡は、出版するために書かれたものではなく、また、西郷隆盛指揮のもとで行われた不平士族最後の大反乱が準備され、展開された当時の日本の政治事情を知らせるためでもない。著者は、一八七七年夏に九州南部で繰り広げられた軍事行動や、日本政府が当時行っていた近代化についてもあまり多くのことを語っていない。むしろ、その規模の大きさを批判する傾向がある。書簡では、新政府が優先させていた課題の一つであった近代的軍隊の組織についての考察やフランス軍事顧問団の役割、一八八〇年以降、フランスをモデルとしていた軍隊がドイツ式に替えられていくことなどにはあまり触れられていない。その代わり、明治初期の日本に於ける生活の様子が具体的に想像できるような、自然で率直さ溢れるルポルタージュが展開されている。

ルイ・クレットマンが家族に書き送った手紙には軍事的な要素はあまり展開されていない。日本の軍事組織についての情報は、両親よりも友人たちに伝えているようである。しかしながら、時には、部隊の優秀さ、生徒たちの聡明さ、短期間で素早くものにする進歩の速さなどについて語っている。自己犠牲、命をものともしない、古(いにしえ)からの武士の美徳がいまだ続いていることに驚き、一八七七年夏の九州における戦闘での損失は無駄なことであったと考えていたようである。

フランスへの郵便についてかなり詳しく述べられているので、船便の所要日数や遭難の危険、横浜への船の到着が比較的不規則で、たびたび忍耐強く待たなければならなかったこと、また日本がヨーロッパだけでなく、中国とも遠い距離にあることなどをよく理解させてくれる。

日本国内の旅行の描写も示唆的である。東京と京都を結ぶ主要街道には、馬や人力車で往来するのには難しい区間がある。稀な平野以外の街道は、馬で行くより、原始的な駕籠(かご)で行ったほうがよい。街道にはいまだ橋が少なく、なかには、歩いて渡らなければならない橋もあり、また多くの大きな川では渡しを使うか浅瀬を通って渡っていた。ルイ・クレットマンは、道路網が多くの商品の流通にいまだどれほど適していないかを非常によく示している。彼自身や旅の同伴者たちは日本の食品にあまり馴染んでいなかったので、旅の一行は、しばしば食料品を運ぶ人力車のキャラバンのような様相をしていた。多くの宿では、親切なもてなしや陽気な女中たち、風呂などにたちまち感動している。外国人にとって非常に驚いたことに、難所だらけのこれらの街道は、特に気持ちのよい季節には、名所に向かう巡礼者の小さな包みを手にした多くの旅人で非常に賑わっていたのである。しかし、鉄道の建設が真剣に取り組みはじめられ、まず最初に一八七二年に新橋・横浜間が開通し、毎日多くの列車の便が定期的に運行されたようである。また、関西では大阪・神戸間が、次いで一八七七年には大阪・京都間が開通した。

東京の冬の夜、半鐘で知らされた火事、時には一晩で一〇件以上もあちらこちらで発生した火事の描写は、読者にとっていろいろ教えられることがある。ルイ・クレットマンは消防士たちの延焼を防ぐ方法にびっくりしている。つまり、延焼の恐れのある家を破壊するのである。また再建の速さも指摘している。一八七七年の冬に発生した火事の多さはその後起こった反乱に関係していたのではないかと考えざるをえない。火事は、日本では家の建材のため失火によるものが多いが、時代によっては敵愾心の表明でもあった。クレットマンの自宅の近くで火災が発生した際、日本の士官が訪ねてきて、援助を申し出たことにもびっくりしたようだが、これなどは、非常に古い普通の礼儀作法の一例に過ぎない。

士官学校や野戦演習場での高官たちの閲兵や視察など、クレットマンが「軍事的工芸品」と呼んだ社交的な催しも、彼にとって非常に気に食わないことであったようだ。馬上の若き明治天皇やその従者たちの描写では、若き士官が両親にこだわりなく語った表現に不敬が見られる。彼は、フランス共和国大統領のマクマオンも同じように扱った。また、新年の社交上の義務を誤ってヨーロッパの真似と見て、批判しているが、日本の社会では義務的なものや形式ばったものなどが数多くあり、彼が言うように、名刺や紙に名を書いて置いてくるだけでよかったであろう。

夏には裸体でいるのが普通という田舎の素朴な風習に著者は驚いているが、この庶民たちの親切さにはすぐに魅了されている。各村では学校の校舎の状態がよいと感心して記している。フランスではまだそのような状態ではなかったのである。神社の祭りには、陽気な賑わいがあったが、仏教寺院の様子はそれとは対照的であった。仏教寺院は当時、国家から保護も援助も受けておらず、窮地に追い込まれていたのである。しかし、このような場所で行われていたことは、彼にとって、意味のない偽善的な儀式でしかなかった。彼は、日本における写真の普及の速さにも驚き、写真機を担いでくるのは不要だと思ったようだ。

しかし、日本に対する好奇心や驚異は、書簡のなかの一面にしか過ぎない。家族からのニュースやフランスの状況については、書簡中、日本関係と同じくらいの位置を占めている。思いやりが深く、親への感謝の気持ちでいっぱいの息子であるクレットマンは、両親に陶磁器や漆器などを送ることに努めた。当時、「工芸品収集」は外国人たちの主な活動の一つであった。キャリアへの配慮、大尉への昇級に、軍事顧問団のメンバーはルイ・クレットマンのために随分時間を費やした。しかし、彼らの主な心配事は、フランスやヨーロッパの政治状況に関するものであった。特殊部隊の多くの士官同様、ルイ・クレットマンは断固として共和主義者であり、反教権主義者であった。彼は、一八七七年五月、マクマオン大統領がド・ブロイ公爵の率いる王党派内閣を任命したことに対し、激怒している。一八七七年一〇月の総選挙では保守派の策略を心配し、共和派の勝利に拍手を送った。そして、保守主義者や王党主義者の公務員や軍人が追放されるのを待ち望んだのである。また、情報が入手できる範囲で、一八七七年から七八年にかけてのロシア帝国とオスマン帝国の間で戦われた露土戦争の経緯も追い、ロシアが戦争初期に苦戦したことにがっかりしている。クレットマンによって「商店の店員」扱いされたイギリス人について彼が何と言おうと、平和条約でオスマン帝国の細分化を阻止したのはイギリス人なのだ。彼の煩瑣な愛国主義は、特にドイツとの関連において多くの場で表明されている。

一〇〇年後に蘇ったこれらの記録は、一八七六年の東京や横浜でヨーロッパ人がどのような生活を送っていたかを知りたい読者を魅了するであろう。そして、好奇心に満ち、広い視野を持った若き好青年を知る機会となるであろう。彼は、都会や田舎での日本人の生活や、近代化を図る首脳者たちの断固たる態度を垣間見て、たびたび驚き、感心したのである。

クレットマン日記

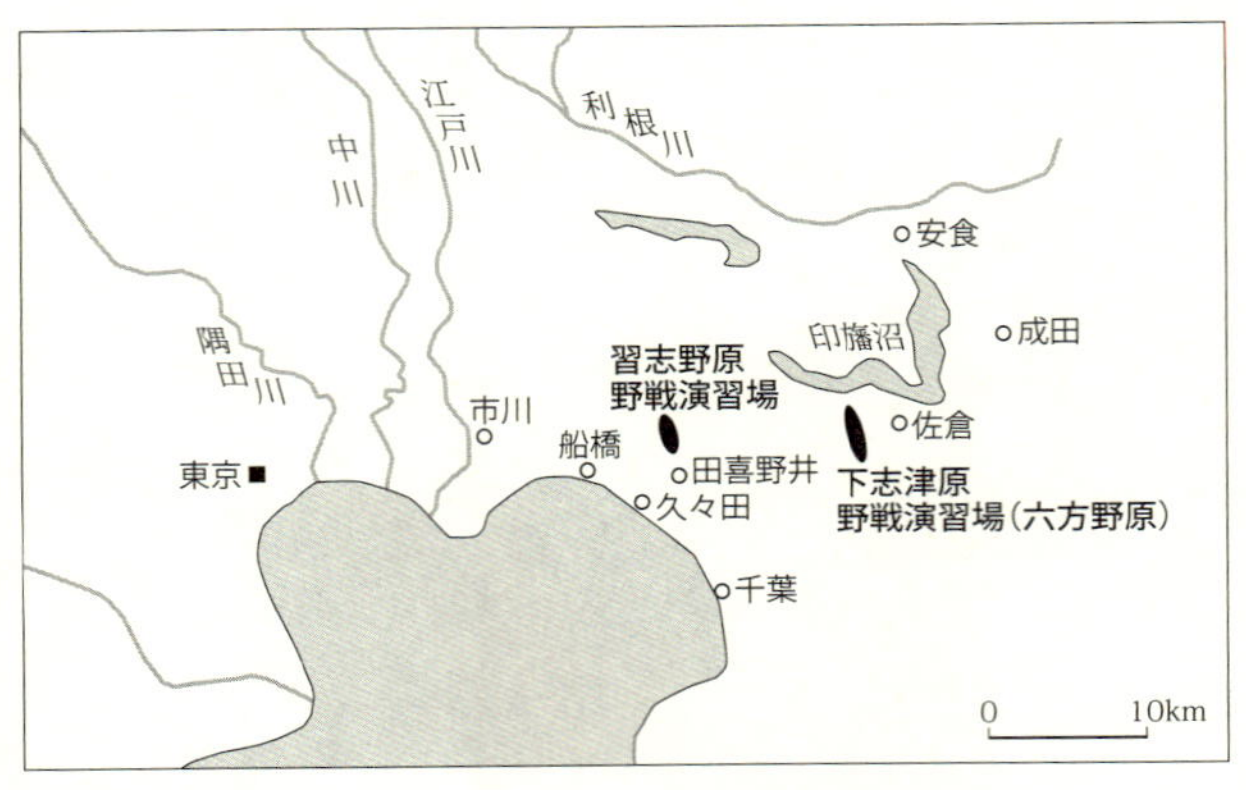

陸軍野戦演習場。

略称・通称（五〇頁図も参照）

コロネル：ミュニエ大佐。第二次フランス軍事顧問団団長。
オワリ：陸軍士官学校。尾張藩上屋敷跡地（新宿区市谷本村町）。
ミカド：明治天皇。
ミト：砲兵第一方面砲兵本廠。水戸藩上屋敷跡地（文京区後楽）。
トヤマ：陸軍戸山学校。尾張藩戸山屋敷跡地（新宿区戸山）。
（カモン）ヤシキ：第二次フランス軍事顧問団本部。旧彦根藩邸跡（千代田区永田町）。

一八七五年一二月

マルセイユからアデンへ

一二月一六日

フランス郵船会社のラブルドネ号二五〇〇トンに乗船する。海はかなり荒れている。船の進行方向に対して直角に長い舵が取り付けられている。食器枠が取り付けられる。乗船者は少ない。そもそも乗船者と知り合いになる時間がない。一時に出発。デッキはそのうち人がいなくなる。夜までほとんど一人で居残った。船室に戻るや否や［……］。船室に一晩中、翌日も閉じ込められた。汚れたシャツの太っちょのアラブ人がエンジンの上の鉄格子の上に横たわっている。一等の乗客は一二名。私の船室は船尾にあるので揺れが激しい。オランダ人のカプチン会修道者、トルコ人数人、ベイルートのカメラマン。

一二月一七日

船室に閉じ込められ、尿瓶（しびん）がたびたび必要となる。しかし、私だけではない。この日、船長は二人の乗客とのみ夕食をとったと後で聞いた。

エジプトとパレスチナに赴くオランダ人ファン・トル、スイス人砲兵中尉トロンシャン氏[1]、それにウジェーヌ・ド・タヴェル氏と知り合いになる。ナポリで下船の折には行動を共にすることになった。

一二月一八日

朝、目が覚めると、ベズビオ山が見えた。船室から出てデッキに行こうと一大決心をする。イスキア島、プローチダ島、ガリバルディの家、ナポリ。不承不承雇った我々のガイド。軍隊用の車：大砲、機甲部隊など。ヨーロッパホテル。あらゆる人種のナポリ人がなだれ込み、我々が食事をとるのを眺めていた。非常にきれいで小ざっぱりした四人の若い女性がやって来たが、すぐに追い返した。車代六フランは一フラン四〇セントにまけさせた。夕食は素晴らしかった。五日分食べた。ファレルノ赤ワイン。

ナポリの町で『アンゴー夫人の娘』[2]を演奏していた。橋の上では『サンタルチア』を歌ってくれた。サンカルロ歌劇場は灰色と赤の大きな建物である。粋なユニフォーム。ところが風変わりな髪形。憲兵。亜鉛の肩飾り、赤の帯、二角帽。

我々は、海軍工廠の前を通って、歩いて港に戻った。汚い通り、悪臭の噴水。乗船（二フラン）すると、デッキは珊瑚、鼈甲、版画を売る商人で溢れていた。

五時にはこの商人たちを追い出し、船は出航した。素晴らしい海原。夜は船尾楼で過ごす。一等の船客が増えた。アメリカ人の家族とドイツ人二人（ロイスのプリンス）である。空は靄がかかっている。

一二月一九日

メッシーナ海峡に差し掛かったところで目が覚める。海は相変わらず美しい。カリュブディスとスキラの間の海峡は二キロメートルもない。イタリア半島側は乾燥しており、シチリア島側は耕作地である。両岸とも生活は苦しく、貧困が強く訴えられている。漁村。灯台。右側にメッシーナ、左側にレッジョ。急流の河床に架かる橋がたくさんある鉄道、しかし列車は走っていない。雲の上にエトナ山が現れた。立ち上る煙、頂上は雪を頂いている。素晴らしい風景。

二時頃、外洋に入った。天候は相変わらず静かであるが、船はかなり縦揺れする。二人のドイツ人の姿が消えた。私の船室の隣の彼らの部屋から「畜生！」「吐いてしまえ！」という言葉が聞こえる。外に帆を二つ取り付けたが、揺れはさらに強くなる。サロンのソファーでアメリカ人の女性が眠っている。サロンは船尾にあるので居心地は非常に悪い。そこで物を書くことは不可能である。ラ・ロシェルの四人の伍長(3)なる我々はデッキでグループを作った。トロンシャン氏と私は、空にマストの先が揺れるのを眺めながら、一一時までデッキに留まった。

一二月二〇日

眠れない。桁外れ（けたはず）の揺れ。尿瓶がまたたびたび必要となる。何杯かのお茶を飲みながら、一日を船室で過ごす。二〇日から二一日にかけての晩は、前夜よりさらに興味がそそられた。風は凄まじい音を立てて吹き荒れ、皿の山が配膳室で崩れた。椅子、火ばさみなどがサロンで右往左往している。時々、水中からスクリューが現れる。波が船室のガラスをたたく。

一二月二一日

天候は静かになった。幸いなことだ。これ以上長く持ちこたえることはできなかったであろうから。乗客は全員具合が悪くなった。デッキの上に括（くく）り付けられていた水の樽が夜中に外れて、浸水してしまった。貨物の積み込みに使用する舷縁（げんえん）の可動部分は船尾楼まで押し流され、テントはもぎ取られ、二等の船室は浸水した。今朝もいくらかの波がデッキの高さまで打ち寄せている。

イダ山の眺望に差し掛かる。麓は霧がかかり、頂上は雪を被っている。船は遅れるであろう。皆、ぼうっとしている。つまらない一日であった。夜になると横揺れが激しくなった。

一二月二二日

昼食のため、食器枠を取り付けたが、船は比較的落ち着いている。静かな海、五月の気候。日暮れ前に到着したらよいなと思っていた。風は無い。帆はマストに沿って揺れ動いている。水平線をうかがいながら午後を過ごした。しかし、アレクサンドリアの灯台が見えたのは日暮れ時であった。

航路筋は危険を孕んでいる。港の入口の前を徘徊しながら夜を過ごさなければならない。夕食後、がっかりして大きな音を立てて床に就いた。驟雨。風。

一二月二三日

アレクサンドリアに入港。雑然とした桟橋。港の両側に中世の砲台。右舷に、八本の羽根の風車。エジプト人の水先案内人が乗船する。デッキにヨーロッパホテル、アバトホテルからの現地人が押し寄せる。黒人が船倉に落ちる。我々の通訳スレイマンはクリミア戦争のアルジェリア狙撃兵。驟雨。パスポート審査。ジェンクス氏の意外な出来事。彼は、領事館の二人の近衛兵の間を縫ってヨーロッパホテルに華々しく入場。

税関。私のピストル。旅の同伴者にアリ・パシャ宛の推薦状を書いてもらったせいか荷物すべてが調べられた。ヨーロッパホテルに着く。町を散策。ヴァン＝トル氏から通りで見せられたものは、汚水溜め、死んだ猫、目やにの出ている子供たち。

カフェの近くのトルコ人のパン屋。最初のトルコのカフェはクレオパトラのオベリスクの近く、海沿いにある。二番目のカフェでは、貝殻を使ってジャケ(4)のようなゲームをしていた。アヘンの家、暗く、悪臭の市場、犬、ロバとその乗り手たち。

エジプトの兵士。ある者は赤いチュニックを、またある者は青いチュニックを羽織(はお)っている。レミントンの銃は清潔だが、あとは汚い。ホテルの読書室に掛けられていたイギリスの旅団長の剣。

二時にカイロに向けて出発。アレクサンドリアの駅は港から四キロメートルのところにある。駅は汚く、薄暗い。とんでもない機械設備。すべてヨーロッパでの廃棄物。この地方は全く平坦で、泥まみれのところがたくさんある。ナイル川がかつてそこを流れていたように見える。ヤシの木立ち。丸屋根や平らな屋根の土の家の村々。平らな屋根の上には堆肥(たいひ)が置いてある。アレクサンドリアの駅を除いて、最初に見たラクダ。墓地。モスク。ナイル川西側の支流に架かる鉄橋。駅の名：カフル・エル・ドゥヴァー、カフル・サイア、アブ・ホモス。

各駅でバナナ、オレンジ、鳩のロースト、ナツメヤシをご馳走してくれる。九時にカイロに着く。ロイヤル・ホテルに宿泊。明日、三人の仲間がここで合流するはずである。夕食は美味しかった。半ばオリエント風のカフェで一時間過ごす。そこでは、カルティエラタンだったらおかしくないであろう女性のオーケストラが演奏している。

ホテルに戻り、蚊帳(かや)にもぐり込んだ。それでも蚊に強く刺された。

一二月二四日

すばらしい天気。ホテルのスイス人の通訳とバザールを散策する。(5) 数が少なく高価な美術工芸品。布地は別。モスクを見る。中には入れなかった。財布を買う。

正午前、ファン・トル、トロンシャン、ド・タヴェルが到着。またバザールを散策する。質の悪い短刀を高い値段で購入。サイス。(6) 職業別バザール：金銀細工師、武具師、スリッパ作りの職人、など。シタデル見物。ムハンマド・アリー(7)のモスクと墓。総督の宮殿。トルコ式便所。宮殿からの町の眺め。奥にピラミッド。ヨゼフの井戸、マムルーク朝の落水。衛兵にチップ。エジプトの徴兵。鎖に繋がれた新兵の輸送隊。ハッサンのモスク：ランプ、戸、壁の上の木片に書かれたコーラン。バブーシュ（室内履き）を我々に履かせた子供たち。中庭の端で一スーを与え、退散させた。ホテルの入口にオーケストラ。祭りの前夜である。

ピラミッド、スフィンクス、アモン神殿。

夕食後、カフェで歌手付きトルコのコンサート。二階が一階の壁からはみ出し、通りの上に突き出ている家の通り。半ばヨーロッパ風のカフェ。女性オーケストラ。

ホテルに戻る。入口までビスマルク、レセップスという名のロバについて行く。横になっていたカフィール（夜警）を踏んでしまう。すべてのカフェに賭博場がある。私のハンカチが誰かに盗まれた。多分トルコのカフェでであろう。

一二月二五日

四人で通訳を連れて、車でピラミッド見物に出かける。イナゴマメに縁取られた単調な道を一時間半行く。非常に平らな地方。大変肥沃な土地のようである。汚い村々。ナイル川と湖に架かる二つの立派な鉄橋。総督の家族の宮殿のいくつか。人々は耕作をしている。不恰好(ぶかっこう)な鋤(すき)。ラクダ、ロバ、水牛、馬、その他がごちゃ混ぜに繋がれた鋤。

ピラミッドから二キロメートルのところで骨董品を売りに車を追いかけてくるベドウィン族がたくさん集まって来た。このエスコートは目的地まで大きく膨れ上がった。三つの大きなピラミッド。たくさんの小さなピラミッド。スフィンクス、神殿。想像したより威圧感がない。アラブ人を試しに登らせる。彼は出発してから八分半で戻って来た。チップの災い。ファン・トルだけが頂上まで登る。

ピラミッド内部は、廊下や部屋がとても狭く、斜面に沿って、アラブ人の腕につかまって降りたが、非常に辛(つら)かった。マグネシウムによる照明。墓所は長さ約一〇メートル、高さ六〜八メートル。うだるような暑さ。

へとへとにくたびれて戻る。スエズ運河開通式の招待者のために建てられた家で昼食をとる。番人は決められたチップを要求。ナイル川の橋の渋滞と市場。鞭を入れて渋滞をかき分けて進んだ。ロバとラクダの列。たくさんの白いバン［クイナの一種］。エスビキエの庭。今もとてもきれいだが、夏はもっと素晴らしいだろう。

夜は、トロンシャンの友人のスイス人ピッテル氏とイタリア劇場で過ごす。

ロイスのプリンスたちはボックス席、穴のあいた駕籠(かご)にいた。総督が支払った二〇万フランの借金。運河開通式のため五か月で建てた劇場。赤と白、金色。左側に総督のボックス席。

ハーレムは右側。オーケストラは素晴らしい。ドニゼッティの『ロアン家のマリア』。イタリア人の歌手。高いギャラを払っただけに素晴らしい。『フリックとフロックの冒険』［テオドール・エステン作曲バレエ音楽］も見事だった。劇場を出ると、観客のサイス、乗組員など叫び声が騒々しく、オペラとのコントラストに驚かされる。飲み屋でビールを飲む。

一二月二六日

朝九時、スエズに向かい、カイロを出発。同伴の仲間と別れる。驚くほど肥沃な土地がずっと続く。アレクサンドリアの線で長く停車した。砂の平野にアラブ人のキャンプがあった。低い褐色のテント。現地人の女性は顎に刺青を入れている。列車は、市場があるらしい村の近くの橋の上で停車した。色とりどりの民衆の行列。

正午にザガジグに着く。半ばヨーロッパ風の新しい町。食べるものは何もない。待合室にエジプト美人が二人。将校の階級章をつけたトルコ人の職員。スエズから総督の息子を乗せてきた列車とすれ違う。

ラムセスの駅。砂漠。マクサマの駅で少女からイヤリングを買ったが、彼女が身に着けていたネックレスより大きなものは買えなかった。多くの女性が同じようなものを身に着けていた。多分、宗教的なオブジェであろう。ティムサーハ湖。砂漠の中のみすぼらしい池。イ

スエズの眺望。

スマイリア。整然とした通り。アラブのあばら家と半ばヨーロッパ風の家が混在している。八時にスエズに到着。町は星明かりの下に汚れた穴のように見えた。オリエントホテルはカイロのラマリ氏の紹介でありながら、不潔なあばら家である。

冷えた夕食。ヨーロッパ風コーヒー、つまり、まずい飲み物（食器を洗った水）。ベッドがどんなふうか見てみよう。

一二月二七日

比較的よく眠れた。蚊に刺される。昨夜と同じコーヒーをサービスされる。ジェンナー号は一〇時出発と予告されていた。

八時にフランス郵船に行く。船は既に出発していた。ロバを私のために一頭、荷物運搬用に一頭雇い、運河まで数キロメートル追いかけなければならない。川の真ん中の車道。エジプト人の部隊がエチオピアに向けて乗船。ヨーロッパの友人たちは二頭のロバと二人のアラブ人を連れて馳せる私を見て笑うだろう。

代理店前にワグホーン中尉の彫像。郵便担当のジェンナー号航海士を乗せた蒸気短艇と同時に着く。乗船するためにこの蒸気船を使う。素晴らしい天気。陽は焼けつくようになりはじめた。

ジェンナー号に乗船。船はすっかり用意が整っている。私はポート・サイドまでレセップス氏の息子が泊まっていた船室に入る。私はこの息子には、父親と一緒にザガジグで出会っている。海はヘーレンワッセル(8)のように穏やかである。エジプトとアラビアの沿岸が見える。両岸とも乾燥し、草木が生えていない。エジプトの沿岸はおおかた、アラブ側より高くなっている。

一二月二八日

陸地が見えなくなったが、いくつかの山の頂きは両側の水平線上に見えつづけている。なにごともない、つまらない一日。和(な)いだ海はとても青く、横揺れがほとんどない。

一二月二九日

暑く、静かな一日。扇風機をフルに動かしはじめる。

一二月三〇日

海はうねりが少し大きくなった。今夜は横揺れがあると予告される。気温は朝八時に二八度と高い。扇風機は勢いよく動いている。午後、海が荒れる。舷窓を閉める。しかし船は落ち着いている。

一二月三一日

暑い夜。舷窓の鎧戸（よろいど）を開け放したままにしていたところ、塩水の波がかかって目が覚めた。八時に左舷に島が見えた。土地は草木が生えておらず、焼け焦げている。海は相変わらず荒れている。縦揺れが少し。デッキに打ち寄せる波もある。飛魚。ネズミイルカ。海上に漂う僧の帽子。

午後、海は静かになった。アデンで石炭を補給しなければならないので水夫たちはその準備をする。風は今も涼しい。幸いなことだ。左舷に二つの岩山の頂きと、裸の島を通り過ぎる。夜になると海はさらにシケ、風は今までより強く吹き荒れた。真夜中頃ペリーム島を通過するはずである。奇妙な大晦日。

一八七六年一月

アデンから香港へ

一月一日

午前八時。右舷前方に陸地が見える。海は比較的穏やかである。縦揺れが少し。礁がだんだん増えてくる。海は濃い青から薄緑となる。アデン[1]、ぞっとする岩山。緑は灯台の近くのみにほんの少し見られる。

海の潜水鳥。現地人は髪の毛を石灰で染めている。鳥の羽根を売るユダヤ人は耳の上に長い髪の房を生やしている。我々は六人で下船する。イギリス人三人とフランス人三人（ドゥルアン医師）。ヨーロッパ・ホテル。［イギリスの］バス醸造所のビール（エール）。イギリス人は二人の現地人に格闘をさせた。嫌悪感を与える光景。当て外れの勝者。さんざん意見を交わした後、黄色のターバンの警官の世話で、町に行くために二台の二輪馬車を賃借りした。セムール中尉がこの遠征の世話役に選ばれた。

要塞。衛兵が敬意を表する。部署の兵員が私が着ていた上着に敬意を表して出てきた。アデンは深い穴の中にある。岩山の先端すべてに大砲が取り付けられている。黒い髪形のパールシー。[2]彼らの墓地。鷲とハゲワシは聖なる鳥である。貯水槽。閉じ込められた女性。腕輪を二つ買う。野性的な小さい方はココナッツの油の匂いがする。同伴のイギリス人の一人が女性を侮辱したために割に合わない取引。予定より早く引き上げ、夕食のため船に戻った。

その後、モーリシャスに行く船客は我々と別れ、二〇〇メートル離れたところに停泊していたデュプレックス号に乗り換えた。私自身もこの船に乗組士官と行き、士官室で二時間過ごし、ジェンナー号のディンギー［小型のヨット］で戻った。

戻るや否や、トロンプ氏（オランダ人。海軍大将の曾孫）が、陸地に戻るためにディンギーを呼んでくれと頼んでくる。ダチョウの羽根の束を忘れて来たという。我々は小舟を手に入れた。ユニヴァース・ホテル。K氏とド・クトゥリ氏[3]のコブラ・カペラ[4]の話。数本のダチョウの羽根を買う。トロンプ氏はシャンペンと葉巻タバコで喉を潤してくれた。真夜中頃、私の案内で船に戻る。

一月二日
八時にアデンを出発。デュプレックス号と停泊していたイギリスのコルベット艦（八砲門）に挨拶する。あちらからも返礼がある。大砲の発射とともに海岸のマストが上がる。こちらもそれに応答した。船内の騒音で落ち着かない夜。海は青く、美しくなる。昼食にアデンの牡蠣が出てきた。小さくて不恰好で底が深いものである。今晩は荒天との予報が出る。四時頃、戦艦と出会い、挨拶を交わす。フランスの護衛艦ドゥクレ艦で、外の全帆を張って戻ってきたのだ。

一月三日

なにごともない。右舷にうっすらとガルダフィ岬が見える。北方にソコトラ島を見て通過する。何とか我慢できる暑さ。

一月四日

ソコトラ島が見えるところで、二つの台形の長い山が見えた。しかし、植物をはっきり見分けることはできない。海はかなり冷たい。左舷を打ちたたき、私の船室の舷窓を濡らす。

一月五日

不愉快な夜。荒れた海。つまらない一日。熱くなったコネクティングロッド［連接棒］を冷やすために夕暮れ時に一時間船はストップした。

一月六日

なにごともない。一〜二匹の飛び魚。徹頭徹尾退屈。

一月七日

なにごともない。海は美しい。船上の黒人は新年を祝う。プレゼントした羊一頭を、彼らのやり方に従って殺した。デッキで、歌いながら、手を打ち、顔をしかめながら踊る。四時頃、右舷に船が通過。夕食の間に、帆走する白い蒸気船を追い越した。この船は身元不明の旗を掲げていた。

一月八日

非常に曇った空。蒸し暑い天気。三時頃、驟雨、滝のような雨、しかし雷雨はほんのわずか。ネズミイルカの一群。

一月九日

べた凪（なぎ）。夕方、海は荒れる。モルジブの鳥は船の上に墜落し、捕らえられた。

一月一〇日
非常に荒れた海。しかし夜には静かになり、船酔いはなかった。

一月一一日
ゴール岬湾(5)に入港。小さく、安全性はあまりないが魅力的だ。西に古い要塞、石炭の倉庫。東にココヤシの森。現地の船は幅が非常に狭い。鼈甲、宝石、黒檀などの商人。櫛で後に結い留めた髪。衣服、帯。
鳥売り商人。むっとする暑さ。レセップス氏、トロンプ氏と下船。オリエンタルホテル。車で散策。ホワットヴェラー・バンガロー。ココナッツミルクを飲む。あまり味のない飲み物。子供たちは車に、素晴らしい花や葦で編んだ鳥をたくさん積んでくれた。シナモン・ガーデンと黒い目のイギリス人。大きなトカゲ、猿。
素晴らしい地方。遠方にアダムスピークを望む。古い要塞の上、中毒を起こさせるようなもの。一〇時頃船に戻る。真夜中までデッキで過ごす。

一月一二日

ココヤシの森の中、海岸に沿って散策。釣り人。シー・ビュー・ホテル。イギリス風夕食、つまり暑すぎる夜。四時に船内の騒音と暑さのため目が覚める。八時出航。ほとんど同時にサンド号が入港した。

長い間、緑で覆われたセイロン島の沿岸に沿って進んだ。海岸は低地であるが、平行して山脈が続く。奥にアダムスピーク。海は美しいが、時々強風に煽(あお)られる。念のため、食器枠が取り付けられる。午後は海が荒れた。

一月一三日

海はシケる。夜、デッキに落ちてきたネッタイチョウの捕獲。

一月一四日

暑さのみでなにごともなし。

一月一五日

静かな夜。大波によって起こされ、やむをえず船室の水を拭き取った。

一月一六日
正午にニコバル諸島のひとつが見えた。深い森に覆われた丸みのある山々。人は住んでいない。午後見えなくなった。

一月一七日
氷のように滑らかな海。風はない。耐え難い暑さ。

一月一八日
左舷のすぐ近くに低地で森林に覆われた海岸。奥には山々。マラッカの町が海に面してはっきり見える。たくさんの漁船はベネチアのゴンドラに似ている。中国のジャンクが数隻。イギリスの軍艦。海は素晴らしい。蒸し暑い。夜九時頃、シンガポールから四〇マイルのところに錨を下ろした。

一月一九日
マレーシア沿岸に沿って進みつづける。(6) 昨夜と同じ様子だ。緑したたる島々からなる魅力的な列島は、セーヌ川のムドンあたりを少し思い起こさせる。泳ぐ蛇。非常に狭い水路。アデンの舟に似た丸木舟。陽に焼けた現地人、ぴったりとなでつけられた癖のない髪。貝を積んだ舟。
埠頭に横付けする。シンガポールだ。中国人の町、低い家、広い通り、汚い店。至るところで中国人の匂いがする。人々はあまり衣服をまとっていない。しゃれた家が数軒。小公園にオベリスクと石造の象。きれいな植物園。猿、サイ、鴨と鳥。港はとても広く、安全性がある。オランダの軍艦数隻。トロンプ氏と別れる。

一月二〇日
朝七時に出発。いつものように船内は大騒ぎ。港の出口で軍隊で満杯のイギリスの輸送船に出会う。メコン号が我々の船の横に係留した。
ココヤシの木々で覆われた、低地の海岸。右舷に、礁の上のペドロバンカ（？）の小さな灯台。船の前方に動物園。

一月二一日
なにごともない。海はうねりが大分大きくなった。縦揺れ。

一月二二日

海は相変わらず荒れている。正午頃、緑のプロ・コンドール島[7]、山が多く、たくさんの小さな島がまわりにある。この島を東に置いて通過。夜一〇時、サイゴン川に入り、ココティエ湾に錨を下ろす[8]。

一月二三日

川を上る。水は黄色で汚い。長い間、一方の河岸しか見えなかった。非常に曲がりくねった水路。木々に覆われ、低地の島々。船首にのぞき窓のようなものを付けた現地の小舟。サイゴン市長レコペ氏が乗船。

植物園見物。我々のマラバル人は英語もフランス語も解さない。我々の車は壊れてしまった。三流の安中華料理店に避難する。ヨーロッパホテル。市立公園。海軍の楽隊が『パリの生活[9]』のカドリーユを演奏していた。

陸地の砲兵隊で夕食。銀行の支店長宅での夜会。夜はレコペ氏宅で。朝は、工兵隊の車でルコント中尉[10]と散策。チョロンの中華街。運河、船の住居。市場、豚の燻製。仏塔と僧侶。

カイマイの要塞。工兵隊長クルトワ大尉[11]を訪問。要塞のまわりに果てしなく続く墓の平原(大砲はただ一基。二〇人の守備隊員)。クルジョル・ダントルカストー司令官。

船に戻り、昼食。ヤシの新芽は残した。そこについていた幼虫を食べさせられた。強烈な暑さ。夜分は涼しくなる。

一月二四日

正午、サイゴンを出航。

一月二五日

手にいっぱい蚊に刺されて目が覚める。

沿岸から約一キロメートルのところ、パゴッド岬(ヴァレラ)のあたりを航海中。山の多い陸地、草木が生えていたり、いなかったり。海はうねりが大きく、滑らかである。

一月二六日

外洋、荒れている。幸いなことに起きていた。やっとのことで進む。海はますます荒れてくる。私は夕食をもどしてしまった。船室に嬉しい訪問。デッキに上がるが寒くて降りる。

一月二七日
海はずっと同じ状態。スクリューが絶えず海面から出てきて、デッキに水しぶきを打ち上げる。他の水しぶきにはお構いなしに。

一月二八日
二時に機械の事故。船は止まり、すべての機械がパニック状態になった。ピストンは壊れた。数時間、このままの状態にいることになる。外にいくつかの帆を張るが、向かい風で漂流物のように流されている。
天気はとても寒い。

一月二九日
八時に出発。マカオ湾を閉ざす万山群島の近く。島々は岩と砂利を積み重ねた大きな山である。船は六～七ノットで航走する。少しずつ島々の間が狭まり、むき出しの山々の階段状の丘陵に囲まれた大きな錨泊地となった。(12) 下の方には、港付近に館が数軒。町は階段状の丘陵に囲まれて、すべてヨーロッパ風のようである。数え切れないほどたくさんのジャンク。乗客の日本人の一人が、杖を突いて抵抗したのにもかかわらず、捕らえられて何かで覆われ、ジャンクの中に入れられた。夕食時にマンザレ号が我々の横に錨を下ろした。我々を日本に連れていくのは確かにこの船なのだ。

夜分、香港を停泊地から見る。非常にきれいなイルミネーション、特に山は、中国の新年を祝って、いろいろな色の灯火で覆われている。

下船する。L夫人およびパーサーと駕籠で見物。通りは真っ直ぐである。鐘楼。坂は海に垂直で非常に急である。アーケードのブティックのイルミネーション。クイーンズ・ロード、香港ホテル、ホテル・ド・ルニヴェール、逃走者の足跡はない。

英国国教会の主教の館、素晴らしい。非の打ち所がない警察。我々のサンパンの櫂の下に海の燐光。

日本とその周辺。数字は開港年。

一月三〇日

夜はほとんど眠れなかった。投錨の通常の騒音に加えて、機械工が機械を取り外す音。ジェンナー号で昼食。

マンザレ号に乗り換える。マニャン氏と下船する。中国の市場は素晴らしい。中国の写真。ソファー付き、ダブルベッドの船室に戻る。夕食後、ジェンナー号の士官室でシャンペンを飲む。

一月三一日

一〇時に香港出航。裸の島々の間を縫って南に舵を取る。建設中の二つの灯台。

一八七六年二月

香港から横浜まで／江戸（東京）に住まいを構える

二月一日

なにごともない。

二月二日

雨、風、寒さ、海は荒れる。

二月三日

同上。ありあまるほどの悪条件の天候。

二月四日

日本が見えた。右舷に無人の島、左舷には薩摩とその火山。薩摩湾。岩山の突端に佐多岬の灯台。

二月五日

美しい外洋。舷窓は開け放たれ、食器枠は取り付けられていない。真昼に左舷に日本の沿岸。山々の頂きは雪を被っている。

乗組員の点検。水夫は右舷、中国人は左舷に、白い靴下に紫色の頭蓋帽。料理人は仕事着で。四国と日本（紀伊水道）。五時頃、大島の先端を通り過ぎる。海岸は青々として、山が多いようだ。夜一一時に激しい雨。ニール号遭難の現場[1]。

二月六日

海上で過ごした最も忌まわしい夜。二時に突然の横揺れで起こされる。舷窓と昇降口は閉鎖されているのに、船室とサロンは浸水している。乗客は手探りでお互いに探し合った。「起きているのに何もしない人は灯火を持ってきてください」（マニャン氏）。このような状態が一晩中、翌日も一日中続いた。私はベッドに留まっていた。幸い、船酔いはしなかった。夕食のため起き上がる。船は荒天減速航行をし、風と荒海のため、やむなく香港への航路を再び取ったと聞く。デッキの上に救命索。甲板室は括り付けられた。夕食後、再び強い横揺れ。救命索なしには動き廻れない。士官室でドミノ札の勝負をする。灯火が揺れ動く。零時半、ついに錨地に錨を下ろす。一時間待った後、艀(はしけ)が数隻到着。そのうち一隻は横浜の山手(2)から送られて来た。胸を引き裂くような航海よ、さようなら。午前二時、おとなしく床に就くことにし、心地よく眠った。

二月七日

八時に、オルセル(3)、ヴィエイヤール(4)両大尉に起こされ、目が覚める。大尉二人は私を迎えに来て横浜で一夜を過ごした。彼らがフランスの沿岸警備艇タリスマン号を見に行っている間、私は荷物をまとめた。錨地には約五〇隻の船が停泊していた。マンザレ号とタナイス号が、なかでも最も美しい。船上で喉が詰まるようなアブサンを飲んだ後、下船。フランス郵船の職員コニル氏が昼食に招待してくれる。ジュバン氏(5)、クロッツ医師(6)。[国立パリ]割引銀行を訪問。人力車。ヴァケーズ(7)とその通訳がミト(8)に向け出発。

横浜は清潔で、建物がきちんと並んだ町であるが、美しさは香港に比べるとぐっと劣る。これは、とにかく第一印象である。ヨーロッパ風昼食。コロネル(9)からの手紙で江戸に呼び出される。浜御殿[浜離宮]に日本の将校から招待されているという。

顧問団のヤシキ(10)。部屋を見に一回りした後、夕食に出かける準備をした。にべ膠(にかわ)で張った

横浜山手から見た山下の外国人居留地。手前の大きな建物は、フランス郵船とペニンスラー＆オリエンタル汽船の石炭倉。

浜離宮の門。

提灯(ちょうちん)を携(たずさ)えた人力車の一行。
浜御殿の部屋は金ぴかのヨーロッパ風と珠玉の日本風の混合である。日本の軍楽隊の演奏。国土防衛軍のシャコ帽、赤いズボン、紅白の羽根飾り。夕食はゆっくりしたサービスを除くとおおかたヨーロッパ風であった。ヤシキに戻る。私は我が家の準備ができるまでヤシキのペルサン大尉(11)のアパルトマンに仮住まいすることになった。
[……]

二月八日
昼食前、ジュールダン大尉(12)と人力車で散策。雪解けの汚い通り。三丁目谷の将来の我が家は完全に荒廃状態。修

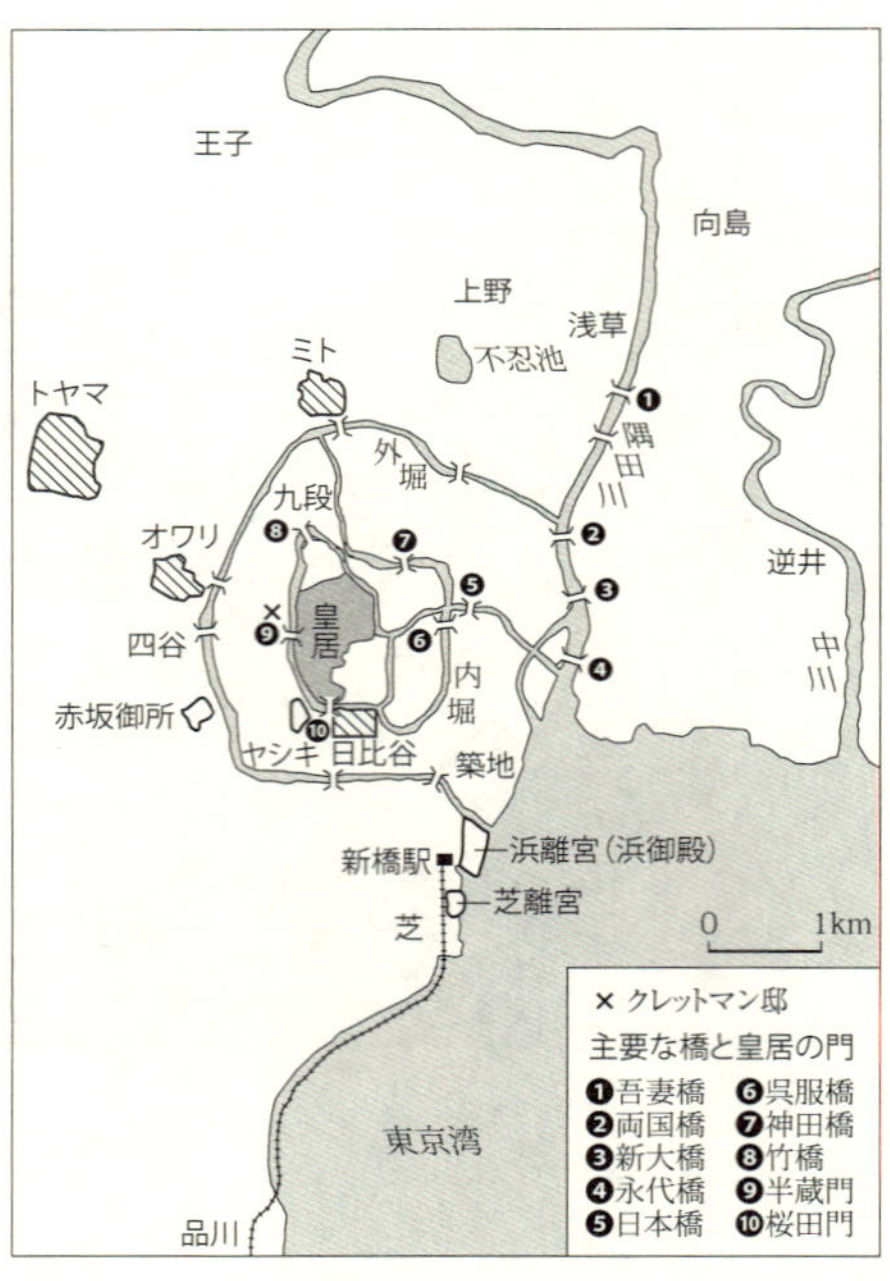

東京とクレットマン邸。

復されるはず。日本の凧は四角だったり、怪物の頭が描かれていたり、時には尾に音がする。理髪店の看板は三色の棒状のものである。コロネル邸で昼食。

夜は、また散策と訪問。日本の軍隊は最近五〜六の階級を設けたところで、コロネルは記憶を頼りに記章を見せてくれた。デシャルム司令官[13]は間もなく離日するが、勲章の叙勲を約束されている。

二月九日

朝、三丁目谷の家の改装担当の日本の工兵中尉との話し合い。ミトのモルナ氏[14]宅で昼食。

吾妻橋（大川橋）。1875年に西洋風の木造の橋に架け替えられた。したがって、これはクレットマンが撮った写真ではない。

病気のカルティエ[15]はドイツ人の医者ヴィンディッシュ氏の治療を受けている。オルセル大尉に手伝ってもらって衣類の荷ほどきをする。

二月一〇日

朝、どの大君（たいくん）か知らないが、誕生を祝って、大砲が一〇一発発砲された。[16]大砲の発砲はヤシキ前の練兵場で行われた。

ジュールダン大尉と江戸の町を散策。家々には旗が翻（ひるがえ）っている。工芸品（ビブロ）[17]の店。大尉は事情によく通じていて自分の家にいるようだ。私にとっては初めての工芸品、金箔の漆の箱と煙草壺を買った。

上野、かつての大君の墓所。現在は広大な庭園である。内戦のためほとんどすべての寺院［寛永寺］が破壊された。残ったものは石切り

両国橋。1875年に改修され、親柱は石造り、袖柱との間はレンガ造りとなった。車道の両側に歩道が付けられている。

両国橋。

新大橋。

永代橋。

呉服橋。橋の左手、写真奥に、火事を指し示すための「木造の高い足場の上の哨所」(1876年９月30日付第25信)、日本語で言う「火の見櫓」が見える。

日本橋。

場となっている。そのうちの二つの寺院を見る。

まず初めに、仏教寺院［清水観音堂］、別にめぼしいものはない。木造の支柱の上に建てられたアトリウム、祭壇にカミの彫像。柱廊の前に木造の格子で閉じられた箱［賽銭箱］。参拝者はこの箱の前で跪き、小銭をその中に入れている。そして、カミの注意を引くため、ゴングの前に鈴のひものようにぶら下がっている白いひもを揺する。南部地方の人たちとの戦争［上野戦争］の戦没者を供養して江戸の人々が建てた慰霊碑。政府側からのある寛大さが見られる。薩摩軍が勝ったのだ。

二番目の寺は、ミカドを古代の神々の子孫であるとする土着の宗教に属するものである（神道）［上野東照宮］。そこには、聖なる森に通した、石灯籠に縁取られた参道を通り抜けて行く。寺はかつての大君の墓所である。大君が亡くなると、大名たちは金字の銘を入れた供養灯籠を奉納しなければならなかった。大君の近親者から奉納された灯籠は社殿の近くにあり、青銅製である。寺は前に見たものと同じような建物であるが、さらにシンプルである。偶像の代わりに円形の鏡が置かれている。鏡は参拝者が考えていることを映し出すとみなされている。柱廊のまわりには清浄の象徴である稲の藁が巡らされている。参拝者は社会に役立つ考えが浮かんだと思い込むと、それを白い紙に書き、藁の綱に吊るす。寺の脇には、祭りの日に近くの若者たちが踊りに来る木造の東屋［神楽殿］がある。それに五～六層の巨大な塔［五重塔］。ピラミッド状の屋根の上にに銅製の栓抜きの形をしたものが付いている。すべて、赤く塗られている。ドイツ式医学部[18]。

三番目の寺［慈眼堂］は小さいが建物の構造が傑出している。横に僧侶の家があり、梁(はり)の上部には虎や象の絵が描かれ、この宗教がインドで生まれたことを物語っている。

最後に訪れた寺（浅草？）［浅草寺］は最も美しい。最初の門には仏陀の巨大な番人［仁王］を現した大きな彫像が二軀安置されている。境内にはあらゆる種類の店が立ち並ぶ参道［仲見世］があり、そこでは、寺に住みついている鳩に投げ与える穀類を売っている。動物に対しても善事を施すことは当然むくわれるべき行為である。そこで、寺に鳩が住みついているのだ。寺のまわりに、劇場、あらゆる種類の見世物、弓道場。美人のおワカの家では、畳の上で日本の小さなパイプで喫煙した。例えば、お茶は私にとって、非常にまずい飲み物である。黄昏時(たそがれどき)、家路につく。我々の人足[19]の馬の「アラビア」という名は、アラビア馬のような体軀(たいく)からきているのであろうか？

二月一一日

オワリ[20]の陸軍士官学校で紹介される。ここでちょっと一言。日本の将校たちは座前に汚い木の箱を置いている。箱の中には煙草壺、火のついた石炭、竹製の痰壺が入っている。食堂。

上野公園
入口。

上野東照宮
参道。

上野東照宮の唐門前の庭。

上・中：上野寛永寺の慈眼堂（両大師）。

浅草の浅草寺の観音堂。

築地外国人居留地海岸通り。クレットマンは間違って「神戸、海岸通り」と記している。中央の建物は長老派教会の東京ユニオン教会。

生徒たちは、箸を使って、漆塗り（うるしぬ）の盆で日本風に食事をする。デシャルム司令官送別昼食会。財務省でのオークション、買うものは何もない。工兵隊衛兵ジャケの車で築地を散策。

日本の警察は組織がよくできているそうだ。各地区にとてもエレガントな交番がある。警官はアメリカ風の制服を着ている。つまり、青いワッペンの付いたケピ帽、黄色の折り返し、こん棒。綱で繋がれ、赤い衣服をまとった徒刑囚の一団。

きのう、地震があった。かなり大きかったというが、人力車に乗っていたので何も感じなかった。烏とトンビが絶えず鳴いている。尻尾のない猫。

二月一二日

雨と雪が降りつづく。外出は不可能。しかし、人力車で出羽屋敷(21)まで行く。

二月一三日

デシャルム司令官がタナイス号で出発。横浜のクロッツ宅で昼食。私の日本語はまだ十分上達していないので、新橋の駅で煙草を買えなかった。

マンザレ号に乗船。到着前に私の艀は半分浸水した。船上で夕食。逆巻く怒濤に乗って陸地に戻る。フランスの沿岸警備艇タリスマン号の医者。

人力車で駅に駆けつける。軍事顧問団ほとんど全員と帰京。

裏門で車が止まらない。幸い、三〇メートル先で止まった。私の提灯は消えてしまった。

二月一四日

士官学校の大教室での初めての授業。

二月一五日

部屋で仕事する。ミトで夕食。とても寒く、氷点下の夜。

二月一六日

晴天。フランス代理公使サン・カンタン氏を訪問。彼は、海の近く、新橋と神奈川の中間のきれいな丘の上に住んでいる。射撃演習場を訪問。デュ・ブスケ大尉[22]とド・ボアンヴィル氏[23]を訪問。帰宅すると、私に覚えのない、留守中に商人が持ってきたという漆器一式が届いていた。

昨日、陸軍卿[24]がペルセル[25]を連れて横浜に行き、下関へ馬を輸送するための乗船の試行を行った。馬を船倉の底まで連れて行こうとしたそうだ。船まで八テンポの賃借艀(はしけ)で行ったという。陸に戻って、陸軍卿はルーブルホテル[26]の昼食に招待し、ホテルの主人とビリヤードの勝負をした。「ひとつの経験からすべてがわかる[27]」。

二月一九日

三日前から、部屋で講義の準備を始めた。今日はデシャルム司令官のオークション。フォコネ[28]と競争しないため、五ピアストル[29]で簾(すだれ)二つしか買わなかった。今晩は、ミトで男だけのオルセル大尉の送別夕食会。

二月二〇日

十二社（東京）の御茶屋と池。

ペルセルと江戸の西の郊外を初めて馬で散策。町から出るのに一時間かかる。周辺には御茶屋がたくさんあった。あたりは、軽い起伏があり、松や垣根、田圃が散らばっている。どこもよく耕されており、もうすでに緑になっている。音楽を奏でる凧。全く大衆の遊びだ。十二社[30]はきれいな池のほとりにある寺院である。夏には、昼食がとれるレストランがあるという。多くのきれいな小川、しかし橋は少ない。黒土の土地、凍っているところやどろどろのところ。狭くて粗末な道。フランスからの便りはまだ無い。おとといから待ち焦がれている。

二月二一日

ペルセルと徒歩で散歩、浅草の近くで工芸品の店を漁(あさ)る。大道芝居小屋での伝説の語り手。人形芝居は恐らく劫罰(ごうばつ)を受けた人の煩悶(はんもん)を演じているのであろう。見世物用の動物小屋、竹を売る人、陶器商。日本語の会話に取り組みはじめる。私は約一五両払った。お茶は例によってどこの店でも出る。私はパイプと煙草壺を買った。前に買ったものより美しい。

二月二三日

午前中はオワリ。昼食時、マニャンが来る。山手九八番地で夕食をするため横浜から迎えに来たのだ。夕暮れに横浜に着くよう汽車で行く。素晴らしい眺めの海を見晴らす、とてもきれいな小さなコテージ。

X氏が「パヴァーズ大尉のボーイの誕生日を祝う独身者の夕食」のため出てくる。二人きりで夕食をとる。音楽、歌。コテージを出ると雨がどしゃ降りに降っていた。この夜のことはずっと忘れないであろう。

新橋に着くと、雪が深々と降っていた。人力車で裏門から帰宅。明かりがすっかり消えているヤシキの廊下で迷ってしまう。ジュールダン大尉の置物にひっかかり、行灯(あんどん)の紙を突き破り、会議室のベンチにぶつかってひっくり返した。そして、どう進んだのかわからないが、雪の明かりでこの迷宮の反対側に来ていることがわかって、やっと我が家にたどり着いた。がっかりしたことに、私宛の手紙は横浜の郵便局で保留されている！

二月二四日

雨と雪がずっと降りつづいている。部屋で仕事。ただ、工芸品の商人たちが来て中断される。

二月二五日

最初の馬と別当［馬丁］が決まる。馬の背には工兵の記章をフランスと日本の国旗もつけて補助鐙（あぶみ）に刺繍させよう。素晴らしくなるだろう。

日本に於ける文明化した慣習の特徴。アメリカは戦艦ストーンウォール艦[31]の古い残骸を日本に高く売りつけた。この船は現在横浜のドックに置かれている。[32]代金はアメリカ領事に支払われたが、領事はこれをアメリカ政府に渡すのを忘れてしまった。数か月後、アメリカは再び支払いを請求し、日本は領収書を手にしていながら、二度目の支払いを行った。

二月二六日

朝、大川(33)［隅田川］の方をペルセルと乗馬で散策。和洋折衷の二〜三の橋が建設中。またここに来るつもり。私は、あさって、陸軍卿に紹介されることになっている。

二月二七日

一日中雨。しかしながら、クロス(34)の送別昼食会のためビエ(35)の家まで足をのばす。ひどい状態の道。

二月二八日

晴天。道は通れるようになった。そこで、これを利用して、ペルセルとミトの方を馬で一回りした。帰りがけに、私の将来の御殿を見に行く。明日から工事が始まるはずである。

コロネル宅で昼食。陸軍卿に紹介される。部屋は広いが日本式に天井が低い。鋳鉄製ストーブ。何の飾りもない欅(けやき)のテーブルのまわりにはお決まりの痰壺。ちぐはぐな肱掛椅子が幾つか。大臣は太っていて、だらしない恰好で、背丈は彼の同僚たちの平均より高い。儀式は儀礼のみにとどまった。

二月二九日

一週間以上前から取りに行かなければならなかった保険付書状を横浜に取りに行ったが、実は保険付ではなかった。田園は萌え始めている。果樹園に、枝が伸びる時、梅や桜の木を拡げるために設けた竹製の囲いが目についた。

一八七六年三月

江戸（東京）の街の発見／三丁目谷への引っ越し

三月二日

食事のシステムの改革をする。一日三分を払う代わりに、我々自身が食材すべてを買い、毎月一二ピアストルを料理人に、九ピアストルをそのアシスタントに払うのだ。第一日目はうまくいったが、毎日メニューを我々で決めなければならないという厄介なことが起こった。私の別当と大きい別当が例の着物と馬櫛などを見せに来た。全部で八両を請求。私は、カルティィエにそれらの品を返す代わりに、八両を払うというバカなことをしてしまった。もし私から盗みを果たしたら、［コソ泥として］彼らを首にさせる、と警告した。夜、ミトに夕食に出かけると、裏門でカルティィエの別当の着物を持った私の別当とペルセルの別当に出会った。二人とも酔っていた。カルティィエは鞭を打ちながら二人を追いかけた。朝（三時）、オワリに出かける時、私は何も知らない顔をした。帰宅するため馬に乗る時、私の馬は反抗し、別当に噛みつき、転倒させ、ギャロップでオワリの坂を駆け下りていった。別当は泥まみれで起き上がり、馬を追いかけた。私は腹をかかえて笑いながら彼らを追いかけた。馬はオワリのそばの森の工事現場で捕まった。別当を気の毒だと思ったが、何も言わなかった。しかし、カルティエがこの件の後始末を引き受けてくれた。今晩帰宅すると、カルティエは私に八両のうちの五両を返してくれた。彼は、ヤシキの役人を呼び、大きい別当が五両を自分のために保持し、残りはヤシキの別当全員の飲み代に使った、と伝えた。明日、別の別当が来るはずである。もし、大きい別当が三両を返してくれなければ、警察に連れて行く。

三月三日

あまり金を使わず、ある人を幸せにした。私の前の小使いの荒川が二五日間私の仕事をした心づけが欲しいと言ってきた。彼の妻が最近子供を出産したことは知っている。そこで三両のチップをはずんだ。彼は限りなく何度も頭が地面につくほどお辞儀をし、私がホトケから盛運を授かるようにと祈ってくれた。

ウォーレス氏の瞞着(まんちゃく)。彼は横浜の競売人で、誰が書いたかわからない、完璧な英語で書かれたはがきを根拠にしてオワリまで私に会いに来た。私は疑惑を抱いているが、なかなかよくできた冗談だ。もし山手でなにごともなければ横浜に行く次の機会に会うことにした。

王子の石神井川（音無川）の河畔の御茶屋。

三月四日

クラトー[1]によるブスケ氏[2]のオークション。クラトーは前日本海軍大将でストーンウォール艦のヒーロー、現在は築地で食料品店を営んでいる。ひどい家具。日本製陶器の洗面台の上部しか買うものがなかった。

三月五日

日曜日。ペルセル、ビエ、ブーグアン[3]と四人で王子に昼食に出かける。王子は江戸から約一時間の感じの良い村である。田圃が広がる平野の素晴らしい眺め。日本の製紙工場[4]。我々の背後にはいつも雪を被っている白い富士山。昨夜は非常に冷えたが、日中は暖かく、フランスだと五月の気候だ。和洋折衷の旅館で、非常に愛想のよいムスメたちと過ごし、法外な料金を払

王子稲荷の境内。

った。老婦人へのビエの挨拶。四〇段か五〇段の階段の上に人気（ひとけ）のない神社［王子稲荷神社］。板橋の火薬工場[5]が見える。帰りがけに、日本人が馬をアンブルで踊らせ、我々に売ろうとしたが、ビエが強く払いのけた。オルセル大尉の出発。

三月六日

顧問団全員がオルセル大尉を横浜まで見送った。ペルセルと私だけがヤシキに残る。そこで、奮発して近くの中学校にプーセ氏[6]の工芸品を見に行き、感心した。見事な象牙細工やブロンズ製品があった。

今日は、オワリから帰宅後、通訳と私の将来の邸宅を見に行った。家はだんだん態をなしてきて、現場監督は三月二〇日に落成すると約束してくれたが、その言葉は一言も信用していない。夜一一時半、カルティエが横浜から戻り、手紙を持ってきてくれた。その晩の半分の時間をかけて、それを読む。

三月七日

日本人はヨーロッパ人の屎尿(しにょう)に対して偏見がある。肥料のためには温かすぎて発酵するという。そこで、我々はトイレの汲み取り料を支払うが、日本人は無料で処理してもらえる。畚(もっこ)をかつぐようにして小さな桶が通りを通って運ばれていく。

フランスに初めて発送するため、横浜に工芸品を持って行く。クロッツ医師の家で送別夕食会。土砂降りの雨の中を帰宅。人力車の紙製の幌(ほろ)があったのに、腹までずぶ濡れになった。

三月八日

雨は引き続き降っている。馬に乗って動きまわれない。ルボン大尉[7]とミトに昼食に行くのに、いつもの人力車が必要だった。

三月一一日

家の内部改革。小使いが高い賃金を要求してきたので、どこか他所(よそ)で縛り首にでもなれ、と出て行かせた。そして、前にミカドの台所で働いていたという者（どういう資格で？）が表面的には有利な形で入れ代わった。これは第一次軍事顧問団の元狩猟軍曹のブフィエ氏[3]の世話による。新小使いの初仕事はドゥラン医師とフランスに帰るタナイス号の士官を招待した昼食であったが、うまくこなした。幼虫の形をした白い透明な小魚の揚げ物。

ミツヤで家具を買うため東海道めぐり。ミツヤはアシスタントを連れて私に会いに来た。この機会に私のすべての工芸品を手で触れて具合をみていた。紙切りナイフと室内用便器に非常に目をつけていた。それでも法外な値段をつけたので、何も結論を出さずに追い返した。ところが、メガネを忘れていったので、また戻ってくるだろう。

三月一二日

ミトで、レニエ氏、ドゥラン医師、タナイス号のソワイエ中尉と昼食。ミトの庭園を初めて散歩する。庭園はもうすっかり緑で、非常に趣（おもむき）のあるところだ。日本の主な名所が模（かたど）られているそうだ。一時間にわたり、同じ場所を通らずに回遊した。それに、気軽に狩猟ができる。

ムスメたちの小料理屋。オッペンハイマー氏の挨拶。帰りがけに、神田橋を散歩。アンゴー[9]の球戯は退屈だ。日本人が柵越しに大勢で眺めている。そこで、柵を板で塞（ふさ）いだ。

夜、夕食後、全地区の鐘が鳴り、警報を出した。中庭に出ると、地平線に赤い光が広がっているのが見えた。心配になり、展望台に昇ると、そこにはコロネル、ジュールダン大尉とヴィエイヤール大尉がいた。四谷方面の大火事。我々は士官学校のことが心配になった。ヴィエイヤール大尉は何も言わずに降り、直ちに出て行った。至るところから叫び声が聞こえ、たくさんの提灯が通りを徘徊し、四谷の方に走って行った。

眺望は素晴らしいが、寒くてコロネルと下に降りた。火事現場は駆けつけるには遠すぎた。もしオワリが焼けていなければ、明日オワリに行きがてらそこに行ってみよう。今年、日本に来て二度目の火事である。

三月一三日

火事は、十二社に行く途中の市外区域の一部を焼き尽くした。我々は怖い思いをしただけで済んだ。朝は寒く、正午は暖かく、夜は凍った。私は毎日、我が家の工事を見に行っている。工事は順調に進み、屋根は終わった。屋根は薄い板と作業員が玉にして下からうまく投げ合う黒土の厚い層、それに日本の黒い瓦から成っている。屋根板で覆われた部分の上には竹の棒が打ち付けられている。

三月一四日

夜、風と雨で目が覚める。ひどい天気。従兄弟のクロッツとその家族が今朝乗船したタナイス号は、今頃踊っているだろう。日本人が何故あんなに重い屋根をつけるのかわかる。家の窓は閉まっているが、質の悪い舷窓のように、風は部屋の中に吹き込んだ水を流し出すことができない。風はベランダの木造の欄干の木製の格子をもぎ取り、ストーブの煙突と紙製の窓は雨にさらされていた。鎧戸を留めるのは不可能。日本製の金具はすべて壊れた。幸い、突風は正午ごろ止んだ。そこで、思うように窓を開け、日向ぼっこをし、日本の音楽隊が砲兵兵舎で『パリの生活』や『ジェロルスティン大公妃殿下』(10)を演奏するのを聴くことができた。

今晩の『エコー・ドゥ・ジャポン』(11)が、デンマークのブリッグ［横帆の二本マストの船］が錨泊地で救出されずに沈没したため、タナイス号は出航を延期したと伝える。その後、ヤシキを取り囲む塀のほとんどが倒され、多くの家が壊されたのを見た。

三月一五日

暖かく素晴らしい天気。

三月一六日

日本人の同僚から、将来のデッサン用にコンパスの箱をプレゼントしたいから素敵な四箱から一箱選んでくれ、と言われ、当然、最も美しいものを選んだ。

アンゴーの家で夕食。いろいろなことがあった。ちょうど食事を始めた時、ジャネットがすぐ近くで大きな火事が発生したと知らせに来た。アンゴーの家は神田橋のすぐ近くで、外堀の内側にある。城壁に昇り、堀の向こう側を見ると、二〇〇メートル先に物凄い火事が右側の方へと延焼している。風は左の方に炎を押しやっているのに。火の粉は我々のところまで飛んでくる。人足を城壁に行かせ、監視させた。この間の火事の晩と同じようにたくさんの提灯が見えた。火事の様子を見たい人は、身分の肩書を書いた紙をつけて、竿(さお)の端に大きな提灯を吊るしていた。

日本の消防士は物凄く無鉄砲に働く。各消防組が火のぎりぎりのところに大きなマネキン人形のような纏(まとい)を据え付け、火がその纏の四分の三を焼き尽くすまで引き下がらない。近所の人たちは皆、自分の家の屋根に水をかける。幸い、火事は上野に通じる通りを越えなかった。火事を監視した場所から我々が下りた時は火事は延焼の真っ最中であったが、食事中に消し止めた。ビエにいじられたアンゴーの帽子。

三月一八日

きのうの火事はあまり大きな被害をもたらさなかった。それに、あれから、雨がひっきりなしに降るのだが、もっと早く雨が降り出したら、火事をすっかり消火できたであろう。米と酒が火災被災家庭に配給された。

きのう、我が家を見に行った。工事はうまく進んでいる。オワリでは、私の家の庭に植える木々に印をつけている。私は家の工事につき、いろいろ常識外れのことを言って日本の建築請負業者の髪の毛を逆立たせた。小使いの出入口の後ろに置かれたついたてと屋敷の横の戸口を外させ、私の専用ベランダと使用人のためのベランダの間を仕切る塀を撤去させたかったのだ。私は新居の調度を揃えはじめ、間もなく離日する幼年学校[12]の教師グーピル氏と真剣に交渉したが、彼が要求する家具の値段のせいで、交渉はうまくいかないのではないかと思う。

世界小旅行をしているミュティアン、トルトゥール両大尉が数日前に来日した。残念なことに、両大尉はヴィエイヤール大尉に、今月二五日に横浜からサンフランシスコに向け、グレート・リパブリック号で彼らと一緒に出発することに決めさせてしまった。顧問団は有能な将校を失うことになる。私にとっては魅力的な上司である。新しいメンバーが到着した機会に、ヤシキはかつてないほどあらゆる種類の商人で溢れ汚されている。ジュールダン大尉は彼らに一張羅を着させ、私は非常にきれいな二〇両の甲冑と、引き出し付き刀二本用の漆塗り木製刀入れを押し付けられるはめとなった。

今朝、コロネルの家でヴィエイヤール大尉に敬意を表して昼食会が催された。士官学校の部長たちを招待した。オワリへのミカドの行幸の交渉が始まる。私は通訳の隣に座ったが、通訳はヨーロッパのフォークやナイフをうまく使えなかった。彼はワインを同僚たちに比べ少ししか飲まなかった。日本人はワインを飲むと頭がくらくらすると言ってワインを嫌うが、酒はたくさん飲む。酒はいちばん質の悪いコニャックよりはアルコールの度が強い。

夜は、ビエの家で夕食をとり、ミトのルボン大尉の家で夜会。日本の幻灯、ヨーロッパでは卑俗なものであろう。当地では、日本人とムスメが笑いこける（寺院の門に請願者。画面の明転。日本の曲芸師。蝶々と湯呑み茶碗）。

マンザレ号が一月三〇日付の手紙(13)を携えて今朝到着。

三月一九日　日曜日

モルナ氏宅で昼食。商人の氾濫、彼らは手ぶらで引き下がる。

三月二〇日

幼年学校教師プーセ氏の本と家具の大部分を購入する。

三月二一日

横浜遠征。山手で夕食、今回は内輪で。私の留守中、アンフェルネット号の士官の訪問があった。現在、錨泊地にはフランスの軍艦が二隻停泊しており、今週クロシェット号の到着が予定されている。

先日、ロシアのコルベット艦ヘルタ号が当地に来航した。神奈川に多くの士官たちが礼装で来たが、ブーグアンが、泥酔していたそのうちの一人を追い出した。

帰宅の途中、ずっと鐘が鳴っていた。新橋で二つの大きな火事を見る。そのうちの一つはミト方面だったが、もう気にかけなかった。

三月二二日

顧問団の士官は全員コロネル宅で昼食。夜は、補給部隊中尉タケムラと夕食を共にする。日本の習慣の特色：タケムラ氏は私にムスメを囲っているかと尋ねた。私の否定的な答えに、今度の日曜日に一番素敵なムスメを見つけてあげると言った。私はご親切をお受けしますが、ただ火曜日だけと答えた。

三月二三日

コロネル宅で内輪の夕食。

三月二四日

我々のヤシキでヴィエイヤール大尉を迎えての昼食。日本の人たちが駅に大勢見送りに来るので、大尉に出発するふりをするよう頼んだ。私にも、日本人の生徒が講義に戻って来られるように今夜の講義の時間を遅らせるよう頼んできた。

夜は、アンフェルネット号の二人の海軍大尉ビヤール氏、ピロ氏と夕食をしなければならなかった。

三月二五日

夜、全員で、グレート・レプブリック号でサンフランシスコに発つ三人の大尉を見送りに行くが、私とペルセルは、ヴイユモン(14)の家で夕食をとらず、アンフェルネット号に行き、歓迎された。ただ、士官室は狭く、デッキは低すぎる。船は、オセアニアとアメリカの写真や土産品でごった返している。大砲は劣る。フランスで取り換えるはず。九時に士官用艦載小艇が陸地まで送ってくれ、途中、タリスマン号に寄った。タリスマン号は、アンフェルネット号よりずっと武装がしっかりしている。

どうしてヴィエイヤール大尉のムスメは私の部屋の前に咲いている梅の枝を折るのだろう。アンフェルネット号に乗船したダンナさんの無事の航海を仏（ほとけ）に祈って供えるためであろうか？　国旗を降ろす。毎晩、戦闘拠点についている。水路測量板。

三月二七日

ひどい天気。ジュールダン大尉から、対壕・野戦要塞構築作業の訓練に関する新しい情報を持ってきたかと聞かれた。私はかつてフォンテーヌブローでゲルメルスハイム攻撃(15)のための突破口の砲台の図面を書いたことがあり、それを東京の射撃演習場に設置する予定である。

三月三〇日

数日前から、息をつく間もない。引っ越しの真っ最中なのだ。私はずっと家にいる。作業員のほかに、四〜五人の人と、日本語、英語、フランス語、イタリア語でやりとりしなければならない。洋服屋、家具屋、工芸品商、大変厄介（やっかい）なことだ。プーセ氏の家で二四五ピアストルの買い物をしたが、ちょっと高すぎたと思う。買ったものは、私のガランとした大きな家の中では引き立たない。幼年学校の教師たちのオークションで家具を揃えたかったができなかった。安物しかなかったのだ。こんなことをやりながら、仕事の任務を果たし、石版印刷[16]が四五日間の休暇中に行えるよう、その準備をした。休暇は嬉しいことに四月一〇日から始まる。

今日、アメリカからの郵便が届いたが、私宛のサンフランシスコからの便りは無かった。

三月三一日

食卓にアスパラガスが出る。とても美味(おい)しかった。

夜、夕食中にかなり強い地震があった。揺れは六二秒続いたそうだ。

一八七六年四月

ビエ、ブーグアンと小田原、箱根、大島旅行

四月一日

作業員が管理事務所の建物の基礎に最初のブロックを打ち込む音でうるさい。

四月二日

モルナ氏、カルティエと浅草で散歩がてら工芸品を漁(あさ)る。五〇両の買い物をしたがそれほどの価値はない。しかし、金箔を施した漆のきれいな彫像用台座を買った。素晴らしい円卓として使えるだろう。

工芸品の店でビエ、ブーグアン、ド・ビュリー氏、また別の店でジュールダン大尉に出会う。人足が祭りの服装で羽根飾りをつけた木を持って隊列をなして行くのに出会った。神田橋のこの間の火事の現場を通る。すっかり建て直されていて、火事の痕跡は全くない。

四月三日

ミトで昼食。今日は狐の祭りの日。ミトの庭園は一般公開され、多くの人が訪れた。馬に乗る時、カルティエの馬が私を足で何度も蹴り、いくつかは私の右脚に当たった。幸い、膝の後だった。

四月五日

コロネルから二枚の「フダ」、つまり陸軍省発行の許可証を受け取る。一枚は東京に居住する許可証、もう一枚は復活祭の休暇に下田まで旅行する許可証である。[1] 夜分、かなり近くで火事の発生を知らせる鐘の「やかましい」音で目が覚めた。これにはもうすっかり慣れたので、ベッドから離れなかった。

四月六日

ミトの近くでつい最近起こった火事の現場をいくつか馬で通りかかったが、既に再建中で、数時間後には火事の痕跡は跡形もなくなっているであろう。

四月七日

イギリスの海軍顧問団が築地での陸上競技会への招待状をフランス顧問団宛に送って来た。そこで、コロネルを先頭に、五人が武装して出かけた。大勢のイギリス人、外交団、礼装したアメリカの将校たちが我々を迎えた。しかし、結局のところ、催し物は失敗であった。我々は、素知らぬふりで、次々にそっと立ち去った。「遅かりし誓い：もうこの手には乗らないぞ！」[2]。もし我々がイギリス人を招待したら、もっとうまく事を運んだであろう。アメリカ公使ビンガム氏[3]に会ったが、彼の役職にふさわしい容姿をしている。イギリス公使ハリー・パークス[4]はかつて中国でシャノワンヌ大尉[5]との間で話しにくい出来事があった。イタリア公使フェ・ドスティアーニ伯[6]は突拍子もない夜会を催し、フランス公使［代理］ド・サンカンタン氏[7]は何も催さない。というのは公認の妾がいるからである。今日は、法学の教授ボアソナード[8]が勲二等の叙勲を受けたことに対して憤慨していた。ボアソナードは一〇〇〇ピアストル以上の収入がある。サンカンタンの言い分は正しい。

四月九日

タナイス号艦長レニエ氏、郵便局員スッペ氏と昼食。本当に暖かい一日だった。カルティエと馬に乗ってガス工場[9]を見に行く。工場長ペルグラン氏はエコール・ポリテクニック出身[10]。

「夜分、天気は雨になるだろう。帰りましょうか？」。

ガス工場（横浜）。

四月一〇日

横浜へ行く。ジュバン氏にパリから江戸宛の荷物二箱の送料一八六フランを支払う。山手五三、九八番地。タナイス号上で夕食。最終列車で帰宅。午前二時にかなり強い地震で目が覚めた。地震はかなり長く続いた。

四月一一日

旅行の準備に追われた一日。昼食前、乗馬で少し散策する。山県陸軍卿の車が九段坂で暴走する。

夜、神奈川九番に出発。おシャンピニョンさん、おスミさん、おキンさん。紙で撃ち合い。芸者、三味線、うるさい。朝方、出発時に小さな人力車。

大磯の川（馬入川）。昔から重要な一時待機地点。1878年に木造の橋が建設されるまで旅客は渡し船で川を渡った。

四月一二日

朝七時に神奈川を出発し、東海道を行く(11)。起伏のある地方。多くの小川、田圃、松林、整備された道、長細い村々。戸塚、きれいな娘、日本の冗談。藤沢で昼食。その後、道は起伏が激しくなり、土地は砂地になる。渡し舟で馬入川を渡る。三両一八銭。酒匂川は状態の悪い橋で渡る。同じ人足で一六里行く。

小田原(12)に着く。臼砲台と美しい木々のある古城の廃墟、浜辺と小田原の通りを散歩。

四月一三日

七時に箱根に向け出発。三枚橋まで一里半。大人二人で三〇セント。畑、小田原から三里。三枚橋の橋の向こう側に湯本。峠は海抜表示

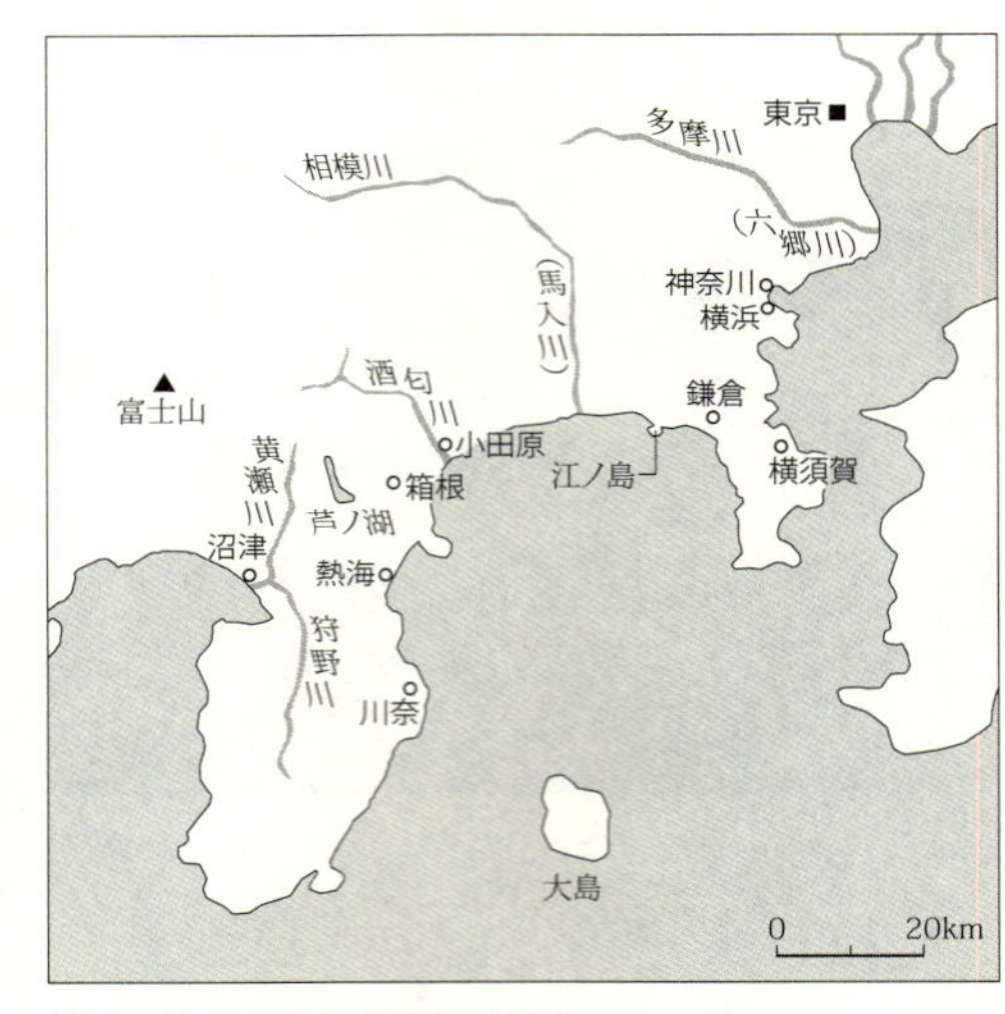

箱根の旅（110頁の地図も参照）。

器によると九五〇メートル。そこから箱根まで一里四分の一。正午に到着。

箱根の湖［芦ノ湖］、海抜八〇〇メートル、深さ一〇〇メートル、長さ二里半、幅四〇〇メートル乃至一里。温泉。姥子、海抜九五〇メートル、眼病と中風に効能あり。ミョウバンと硫黄を含む。硫黄山の噴気孔。

ひとたびヨーロッパ人の遊歩区域から出ると（フダを提示）、人足たちは不必要な服装を脱ぎ捨てた。

酒匂川と小田原の間は、バン・ド・ラ・ロッシュ(13)の入口に似た擂鉢状の地形である。小田原では［車の］正当な値段の提案を受けた。

小田原から三枚橋までは幅が四～五メートルのきれいな道（東海道(14)）。急な坂もあまりない。小田原の川［早川］、渓谷の平らな川底に巨大な石を押し流していく渓流の右岸を登っ

三枚橋。

湯本。

畑。

畑の茗荷屋屋敷の庭。

ていく。樹木が茂り、あるいは竹に覆われた山々。竹や木で格子組みし、中に石を詰め込んだ堤防［蛇籠（じゃかご）］。三枚橋では人力車を降り、渓流を渡らなければならなかった。間もなく湯本に着く。風光明媚な村で多くの木箱を作っている。そこから、東海道は駄馬か駕籠[15]でないと通れない。ひどい敷石、傾斜の激しい山道。畑（はた）は火事で四分の三が焼け、再建中。美しい庭園[16]。五時間の非常に骨の折れる登山の後、箱根に到着した（ド・ボーヴォワール氏[17]の馬がギャロップで疾走したのはこの道である）。

湖のまわりには八〇〇メートルの高さに達する山々が連なっている。富士山の素晴らしい眺望。必要設備の整った快適な大ホテル。二時間、船を艪（ろ）で漕いで湖の反対側に行く。ここから、湖は小さな川に水を流し出している。非常に起伏の多い火山性の土地。三〇分楽な道を歩いていくと温泉に辿り着く。老いも若きも男も女も入れ混じって噴気孔めがけて行く。道はさらに険しいが非常に興味深い。夜七時にホテルに戻る。寒い天気。ホテルの名は柏屋。

四月一四日　金曜日

大涌谷（おおわくだに）の峠に遠征。海抜一〇七〇メートル。右側の円（まる）い山は、まず一一八〇メートル、二番目は一二四〇メートル、三番目は一三一〇メートル、左側の山は、一番目が一一七〇メートル、二番目が一一三〇メートル。

湖の北側はコルヌミューズ［木管楽器のバッグパイプの一種］の形をした擂鉢状の窪地（カルデラ）で終わっている。その峠は非常に幅が狭く、東の方に向きを変えている。山は樹木がほとんど生えていない。これらの山々をつなぐ尾根道は狭い（一メートル）。石と焼けた竹の中を、ビエと峡谷を通って忘れられない下山。

西に富士山の美しい眺め。東には海と宮ノ下の擂鉢状の窪地。南には箱根、湖と海。北には果てしなく連なる山々。富士山とは韮山と沼津の耕作された広大な谷間で隔てられている。一一時半に出発し、湖を渡り、六時半に戻った。夜は、共同の火鉢を囲んでの手品。

四月一五日　土曜日

宮ノ下、木賀、底倉に遠征[18]。七時半に出発。昼食はあらかじめ前もって宮ノ下に届けさせた。おととい通って来た峠まで東海道を登る。その辺りにはどの斜面にも水を流出していないような小さな沼がある。もう少し先には別の沼があり、その傍らに岩に彫られた大仏がある。標高九三〇メートル。おおかた箱根の湖の北側に沿って行くが、ほどなく東に逸れて行く。樹木が生えておらず、起伏の多い山々。多くの小川、沼、泉。

約一里行くと峠の頂上に芦ノ湯温泉。ひどい悪臭を放つ硫黄質の湯。宗教関係記念碑。松坂屋ホテル。皮膚病と中風に効能あり。権現社。

芦之湯の温泉。中央に見える家々は共同浴場。半ば埋もれているところに大きな部屋があり、４つの浴場に区切られている。

「岩山のなかから切り出された大仏」。

宮ノ下の谷。

芦ノ湯から道はひどい状態で、非常に急な下り坂となる。道は二股（ふたまた）に分かれ、左は木賀へ、右は底倉（そこくら）に通じる。底倉は峡谷の底にある魅力的なところで、あまり頑丈でない木橋が架けられている。滝、川、竹製の管を流れる温泉、ヤシの木数本が雑然と散らばっている。標高四五〇メートル。現地人の素晴らしい接待。

宮ノ下はすぐ近く。最も大きな渓谷の斜面の上。渓谷は緑で滝が多い。とてもよいホテル。おツルさん、おカネさん、おコウさん、おツネさん。

木賀は宮ノ下から二〇分ほど。底倉の橋を再び渡る。宮ノ下と同じ渓谷の同じ斜面にあるが、宮ノ下よりさらにきれいな村である。渓流に沿って滝や木造のき

木賀。

れいな家。工芸品、寄木細工(よせぎざいく)。六時半に帰る。湖は小さな海のように暴れまわっている。風で唐紙障子(からかみしょうじ)が破れた。忘れられない掲示板の作成。

四月一六日　日曜日

熱海に向け、九時に箱根を出発。山道は比較的良好。竹が植えられた土地、途中、竹藪の山焼き。標高約一一〇〇メートルの峠[19]。熱海まであと二里のところで、粗末な御茶屋で休憩。海のすぐ近くに行くまで緑が見られなかった。海のすぐ近くに行くまで緑が見られなかった。海は北側の熱海方面と南側の沼津方面に見える。熱海のすぐ近くの美しい林と寺院。

一時二〇分に到着。徒歩での山越えはあまり辛くなかった。渡辺。おツルさん、

上・下：熱海温泉場。

おコウさんなどがいないのが非常に残念。熱海はきれいな小さな湾の奥にある。海上一八里のところに大島が見える。ヤシの木、花盛りのオレンジの木のある庭。二番目の丹念な掲示板の作成。最初のものより注目すべきだ。家具屋は我々が書いた仏文の掲示文を掲示するために英語で書かれていた板にカンナをかけたのだ。

四月一七日

七時半に大島に向け出発。日没時、午後七時に到着。日本の舟を八時間賃借りした。五人の乗組員が櫂（かい）で漕（こ）ぐ。乗客は、我々四人（小使いと料理人を含む）とこの機会を利用して帰島する大島の住民男女二人。女性はずっと船酔いしていたが、海はすばらしく穏やかであった。大島は船の左側にあり、右には非常に起伏が多く、緑の下田の沿岸が見える。そして、利島（としま）、神津島（こうづしま）。船は海流のため北方に押し流された。そこで、大島の西海岸に沿って行かなければならなかった。この海岸は玄武岩（げんぶがん）の断崖で、ところによっては五〇メートルに達し、黒い暗礁が切れ目なく縁取っている。海は非常に透明で、その底には海藻や奇妙な動物が見える。ミニチュアの巨人の堤防。(20) 島は緑でよく耕作されていて、サン・ナポールとオトロット(21)の近郊を少し思わせる。

役場所在地の新島村(22)に接岸する。人口は多分五〇〇人くらいの村である。村長（名主）の家に迎えられる。我々が近づくと島民は逃げ出し、その後、興味深そうに我々を見つめた。

資源はほとんど無い。雉（きじ）、玉子。島民は本土の日本人より背が高い。女性はより美しく、優雅に巻いた手拭いを被り、荷物を頭の上に載せて運んでいる。人種は内地の日本人よりアイヌ人に近い。厩舎は地下にある。トイレは紙付きの籠。私の召使は長靴ではなくスリッパを油脂で磨いた！

四月一八日　火曜日

大島の火山［三原山］に登る。朝七時四〇分に出発。一時間、二〜四メートルの深さの岩の裂け目の中の道を通って行く。この道は草が生え、緑に覆われている。幅がとても狭いので、牛を通らせるのに壁にぴったりくっつけなければならなかった。樅（もみ）、夾竹桃（きょうちくとう）、とりわけ椿の林。地面は落ち椿で一面敷き詰められている。枯れた渓流の河床。

二時間半歩くと、木々に覆われているが火山性のでこぼこの台地に出た。この台地から突然、少なくとも直径四キロメートルの外輪山の縁（へり）に行きついた。外輪山は南北が東西より少し長く、灰と溶岩が堆積している。外輪山縁は標高五七〇メートル。南から火山に接近するため、縁のまわりを廻った。内輪山は外輪山の窪地の中央にそびえている。登山はきつかった。噴火口の縁にようやく辿り着いたのは正午であった。バロメーター(23)は六七五メートルを表示。噴火口は直径少なくとも二〇〇メートル、急斜面、深さ二五〇メートル。奥底に煙を吐く小さな噴火口が三つ、風化した硫黄。噴火口を一回りした。灰と溶岩の上を歩くのは非常につらかった。窪地を横切るのに一時間半要した。火山は島の北端より南端の方にほんの少し片寄ったところにある。島の東側半分は西側に比べてあまり耕作されておらず、火山性の土地である。二羽の鴉以外に生き物がいなかった。鴉に向けて石を投げた。当地は日本語は通じないか、あるいは大雑把に通じる程度である。すっかりくたびれ果てて二時に戻った。

夕方、散歩と足湯。海岸で潮干狩。巨人の堤防の裂け目でトキに魚を捕らせる漁師。一〇セント。夜、村長に地理の講義。彼の二人の娘は美人であるが日本語は解さない。洞窟で野性的な生活をする一家を見た。非常にきれいで非常に大きな墓地。

四月一九日

船頭から天候が非常に悪いので下田には行かれないと知らされる。しかし、まだどこかわからないがどこかの海岸までは連れて行ってくれることを承諾してくれた。六時半に出発。海は荒れ、客船のような大きな船もひどく揺れたであろう。我々の小舟などは、出航できるかどうか検討する必要があった。マストは二度倒れた。すれ違った他の舟も困り果てていた。ある舟はぎりぎりの時に帆を下ろし、かろうじて沈没を免れた。そのような状態にもかかわらず、船酔いはしなかった。しかし、我々の召使たちは船底で息絶えていた。一一時に川奈に入港。入り江の奥の小さな村で、村長の家で昼食をとる。[24] 美しい樹木、きれいな畑、しかし村民は汚い恰好をしている。

大島に引き戻されるのだろうか？　村長夫人が貝を吹いて人足を呼んだ。しかし、駆けつけてきたのは二人の女性と二人の男性。彼らは我々の荷物を運んだ。我々は徒歩で行く。約一時間あまりで和田に着く。ここも、海岸に面し、入り江の奥にある村。御茶屋。状態が良好の道。肥沃な谷間。一里八丁の距離。

二頭の駄馬を得る。一頭の馬が料理に必要な物と料理人を運び、我々と一緒に出発。下多賀まで丘陵に沿って行く。そして南に曲がり、きれいな谷間を登った。田圃、樅など。下多賀は熱海に非常に似ている。三〇分後、峠［山伏峠］に着く。五時に雨が降りはじめた。窪地（標高三〇〇メートル）に家が点在する浮橋村を通る。耕作地、田圃など。

一キロか二キロメートル［深沢］川に沿って行き、突如川から離れ、北方に向かう。この時から日暮れと雨。八時に韮山にヘトヘトにくたびれ果て、ずぶ濡れになって着く。韮山は非常にきれいな地域にある町のようだ。田圃など。しかし土砂降りである。幸い、トランクを運んで後からきた二頭目の馬が、間もなく到着。それを待つ間、日本人の客で満杯の宿屋で小さな部屋を二間宛てがってくれた。日本の着物も貸してくれ、それを着て気持ちがすっきりした。日本人の客は県知事たちで、数日ここで集会を開いているそうだ。

四月二〇日　木曜日

一時二〇分、沼津に向け出発。韮山は山地の麓にある。非常に肥沃な美しい平らな谷間を行く。東に火山性の丘陵、西にはそれに平行した山脈が控えている。道は普段は状態のよい道であろうが、雨のため少しデコボコしていた。人力車。二時間半後、東海道の三島に到着。谷間は結構美しく、瀟洒（しょうしゃ）な寺院、きれいな樹木。かなり多くのヨーロッパ商品。平野にはきれいな村々。三島には一〇〇〇軒の家があり、二里一二町。狩野川に架かる橋。狩野川は幅三〇メートルの川で、酒匂川にかなり似ている。

沼津は三島から約三〇分の所、狩野川右岸の海に面した港町である。三島とほとんど同じくらい重要な町のようだが、三島より汚い。我々は、ここから御殿場に行くために人力車を雇った。御殿場から木賀まで三里の道のりである。しかしながら、佐野に着いてがっかりした。御殿場までまだ状態の悪い道を四里行かなければならず、すでに午後六時であった。そこで汚い片田舎の佐野に泊まるはめになったのだ。

三島から佐野まではきれいな谷間である。我々は、狩野川左岸の支流黄瀬川の右岸から左岸に渡った。竹製の橋は非常にもろく、すべてを降ろして、人力車を手で運んだ。五〇〇メートル先でまた右岸に戻り、その後二番目の支流と多くの溝を渡ったが、それらに架かる橋は状態の悪いものであった。

四月二一日　金曜日

四時半に目が覚める。六時に出発。三頭の馬のうち、一頭は私のため。私は大島の火山登山中に捻挫したのだ。佐野の町を出て、東に向きを変える。富士山の眺望。九時半に、状態の悪い道を通って、箱根の湖の西側の湖畔、北の先端近くに出た。遠くから、一四日に転落した場所と硫気孔を眺める。箱根の漏斗状の窪の隘路から外に出る。二時間の間、状態の悪い道、草木の無い山々、渓谷。湖から流下する渓流［早川］の左岸に沿って行く。木賀の少し手前で粗末な竹橋を渡り右岸に移る。私の最初の落馬、日本の駄馬から落ちたのだ。幸い、痛いところなし。木賀とその小柄なムスメたち、商人、泣きぬれたヴィーナスと再会。底倉再会。宮ノ下で二度目の朝食。おツルさん、しばらく……温泉、温度華氏一〇〇度（ビエには華氏一一〇度）。

二時半に出発し、三枚橋まで徒歩で行く。距離は二里、徒歩で三〇分。道は比較的良好。ボージュのような魅力的な谷間。しかし、深く、幅が狭い。塔ノ沢とオクノサワ［ママ］の村。オクノサワでは竹の歩道橋が目についた。ポツンときれいな岩が一つ、石の堤防、渓流に架かる橋。湯元村はこの渓流と畑の谷間を通る渓流［須雲川］との合流点であり、三枚橋から二町の綺麗な地区に作られた村である。

旅行の続きは、小田原での人足との口論以外は何の事件もなかった。この口論のために一時間遅れ、江の島の予定が藤沢で宿泊するはめとなった。藤沢には夜九時半に到着。充実した一日であった。大磯で、曲芸的な歌の拍子に合わせて藁を打つ女性たちを見た。

江の島入口の青銅製の鳥居。

四月二二日

六時に出発、有名な島、江の島に向かう。そこから、鎌倉まできれいな浜辺に沿って行く。一一時半に昼食。結構清潔な家に縁取られ、長く、幅の広い通り。起伏があり、耕作された地方。道は良好。戸塚まで東海道を通る。四時に保土ヶ谷で夕食。

四月二五日

夜、地震あり。午後二時に再び地震。小使い変更。

四月二八日

最も将来性のある犬、若い救助犬の登場、受領。ビエからのプレゼント。まずは、一晩中、吠えつづけた。

四月二九日

今日、九段近くの商家で、ロシア皇太子[25]とビスマルクと並んでルボン大尉の写真を見つけた。

一八七六年五月

江戸と横浜の「時節」／野戦演習場滞在

五月一日

カーテンにつき、陸軍卿の遣い(つか)が送られて来る。一四対(つい)のカーテンを頼んでいたが、彼らは多すぎると驚いたようである。別当と門番は庭で、竹の先につけた籠で蝶々を取ろうと努力している。

レニエ、コニル、ファルコン氏と昼食をとる。魚の祭り。軽い木綿の大きな魚が竹の長い竿の先に付けられてはためいている［鯉のぼり］（男児の祭り［端午の節句］）。

五月二日

横浜。山手五二番地。大きな砲声。犬に食べられたオムレツ。ギザン氏の仕業。

五月三日

マニャンの訪問。工芸品漁り。ミトの庭園。日本の騎兵隊と夕食。私の庭に咲く花。オワリで講義中に小さな地震。

五月四日

雨、雨、雨。家具類九六、カルペ医師二九、カーテン五、合計一三〇。

五月五・六日

雨、雨。

五月七日

朝九時、地震の強い揺れ。中国製の行灯（あんどん）はひどい音を立てた。船に乗っているようだった。陸軍卿からコロネルに上野公園の招待状を五枚送ってきた。上野公園は明日開園し、ミカドの行幸があるという。招待状は在日年数によって配布された。それで私にはまわってこない。不当なことだ。コロネルは私を夕食に招待して丸め込もうとした。一人で食事しなければならない破目（はめ）になるたびにこのような招待がくるのであろう。

五月八日

上野公園開園は雨のため明日に延期された。私は横浜に夕食に招待された。上野よりずっと楽しく過ごせることは確実だ。

五月九日

快晴。好天を利用して写真屋で写真を撮ることにした。お客が多く、撮影を延期した。これで二度目である。そこで、着替えて山手五三番地に走る。素晴らしい晩を過ごす。「スコッチ、皆、一杯」。残念ながら、一〇時半には退出しなければならない。

五月一〇日

上野公園の開園祭は素晴らしかったらしいが、日本側からの招待状は質(たち)の悪い冗談であった。というのは、招待状なしで入場出来たのである。ミカドは臨幸されなかった[1]。代わりに二人の伏見宮[2]が代理を務めた。私は横浜に行ってよかった。

ミトで昼食。悪天候。郵便を待っているが、この天気では今日は届かないだろう。オワリの士官学校のおかげで私は化学者になった。

五月一一日

郵便が届いた。新しいニュースは何もない。モルナ宅でペルセル、プーセ氏と昼食。プーセ氏はパリ・コミューンの大将ガニエ・ダヴァン[3]［ポール＝ガニエ・ダバン］氏とボンナ宅で論争した。ダヴァン氏は、ジュール・ファーブル[4]から金銭を受け取ってヴェルサイユ軍をパリ市内に入場させた者の一人である。

五月一二日

陸軍卿から送られてきたという男性が認識票を見せ、我が家の雑草を刈り、それを国のために売却することを担当している者だという。［雑草は刈られ］私のポケットの中にさえもう雑草はない。その代償として、オワリから移してきた木々はすべて枯れてしまった。

五月一三日

プーセ氏と昼食。一二人のフランス人（フォルタン、[5]エスナール、ブフィエ、ヴァンサンヌ）[6]が一人、二人、とやって来た。それにブルヌ商会[7]のイギリス人が一人。ブルヌ商会では後ほどグーピルのオークションがあるが、昼食で飲んだシャンペンの酔いがまだ残っているので、行かないつもりである。会食者のほとんどは、今晩、サイゴンから香港まで同船したドリアと横浜に『アンゴー夫人の娘』を見に行く。私は、そこで厄介な知人に会う危険があるだけになおさら行く気がしない。ペルサン大尉も、意向を探ると、私の危惧に同意した。

五月一四日　日曜日

思ったより素晴らしい一日。一〇時半に駅に行く。［……］マニャンばっかり。出発の時、多分、すべてが終わった。次回、会いましょう。我が家で昼食。どうぞキスをして。二度目のキスは快い。神々は奇数［を好む］。危ないよ。もう行かなければ。(8) 上野を散歩。小さな御茶屋でちょっとくつろぐ。ムスメをお望みですか。我が家で夕食。また近いうちにきてね。高くついた一日だったが楽しかった。私のスリッパ、私のスカーフ、二〜三の工芸品(ビブロ)が山手九八番地への道を辿る。もし汽車に乗り遅れたら！（工芸品はない。）写真を約束する。

五月一五日　月曜日

忙しい一日。オワリの近くで信号機設置。太陽。夜、蓬莱(ほうらい)社銀行(9)のサロンで大芝居を見る。一行は、サイゴンから連れて来た、鍋を叩いた音のように歌うプリマドンナとルグロとかいう第一級のテノール歌手、元海兵隊軍曹のマネージャーから成る。コンサートを聴く機会が

「蓬萊社」の建物。

ほとんど無い現在、このような質の低いもので我慢するよりほかにない。舞台より聴衆を観察する方が好奇心をそそられる。いろいろな人がごちゃ混ぜだ。クラトー、ロンプレ[10]、海軍将校とその妻、クリスティ一家、日本女性を同伴したフェ伯爵、上野の医師とそのムスメ、曲芸師の恰好をしたアンゴー、ベニュー夫人、私の髭に灰が混じっていると言った男性、などなど。要するに、もうその手は食わないぞ。

五月一六日　火曜日

やっと私の肖像写真を撮ることができた。夕食時に、イタリア公使から公使館で催される大芝居への招待状を受け取ったが、とても暑いし、着替えに戻るには遅すぎた。カモンヤシキから誰かが行くだろう。それで十分。見返りとして魅力的な小間使いがいるであろう。

五月一七日

マンザレ号の出航と横浜の競馬初日。横浜に行く理由は十分あったが、全く暑すぎた。

五月一八日

多くの同輩はド・ストゥルーヴロシア公使夫人[11]から夕食に招待された。私はまだロシア公使館に挨拶に行っていないので、このような労役を免除され、ビエと夕食をとった。

五月一九日

競馬最後の日は雨。午前中、小さな地震あり。

五月二〇日

天気のよい一日。そこで［横浜に］買い物に出かけた。[12]できるだけゆっくり東京を発ち、ファーブル・ブラント[13]に秤を買いに行って無駄に時間を費やした後、競馬場へと向かった。丘の上の道筋は、［パリ郊外の］ムドンのように邸宅が建ち並び、感じがよい。しかし、す

横浜とその周辺（*The Yokohama Guide*, Yokohama, 1874（部分））。

ぐ横に、日本の汚れた村がある。宣教師の施設。宣教師の家は教会よりきれいである。競馬場は、ミシシッピ湾[14]の奥の美しい台地にある。スターターのコピ氏のおかげですぐ中に入った。グラスホッパー厩舎には特別注文のシャンペンがある。グラスホッパー夫妻に挨拶する。グラスホッパー氏は素晴らしいスポーツマンであるが、残念ながら、今回はあまり稼げなかった。前から招待されていた夕食のため、山手には行かれなかった。グランドホテルで夕食をとった。このホテルは海岸通りと運河の角にある素晴らしい建物であるが、商売として儲からないようだ。

観劇：『アンゴー夫人の娘』!!!　こんなひどいもののためにここに来たのではない。青と白の見事な化粧。

グランドホテルでぐっすり眠り、五〇〇メートル先で投錨したテネシー号の楽隊によって目が覚めた。楽隊の下手な演奏は『ランメルモーアのルシー』(15)や『ジロフル＝ジロフィア』(16)の名曲を滅茶苦茶にした。

車で散策。ジェフリー牛乳店。ミシシッピ湾では海が少し荒れていた。帰りがけ、音楽を少し聴く。

夕食：いつものように、また来てね。

魅力に満ちた一日を過ごした後、最終列車に乗る。

五月二二日

メダルの裏側。記念に緑の蝶々。私のスリッパとスカーフが我が家に戻ってきた。

五月二三日

タナイス号で郵便物（四月九日付）が届く。ロンプレ中尉、我々士官の共同食堂の利用者が増えた。彼の昇進を祝ってミトで一杯飲む。私の日本の駄馬にジャンプさせることができない。城の堀で犬に水浴させているクロッツ海軍大尉に出会う。態度が冷たい。今後出会わないように気をつける。

五月二四日

ロンプレの昇進を祝ってビエの家で夕食。仲之町から帰りがけに、我が家の方向に火事のほのかな光を見る。英国公使館が赤い空にくっきり浮かび上がっている。
幸い、我が家の近くに来て、火事はかなり遠く、つまり城の向こう側であることがわかった。しかし、風がかなり強く吹いていて、我が家の庭は不気味な光に照らされていた。

五月二五日

花まつり、麹町(こうじまち)の近く、カモンヤシキに行く途中の寺院のまわりで行われていた。そこで、夕食後、そのあたりをひと回りした。非常に独特な光景で、長く狭い通りは、長い棒の端に日本の蠟燭を付けて、花や緑の木々がいっぱい溢れていた。我々（ペルセル、プーセと私）はここで洋服姿の大山陸軍副大臣、(17)和服の野津少将、(18)イギリス公使とその妻に出会った。万華鏡の提灯、桶の中に竹の端を入れて釣るボール紙の魚、など、たくさんの奇妙なおもちゃ。芝居、芸者、三味線を弾く少女。

五月二六日

ミトで昼食。二時に演習地(19)に向かって出発。逆井(さかさい)の渡し舟の中で書く。ここでカルティエの人足に出会う。平らでよく耕作されている地方。逆井から前野まではさらに狭い道。無数の非常に貧弱な小さな橋、男装姿で田圃で働く女性たち。前野で再び渡し舟に乗る。川の幅は五〇メートル、流れは速い。船橋、大きな村、しかし腐った魚の臭いが強く鼻につく。その向こうは、緑の垣に縁取られた道。大和田（フォコネの家）からは、昨年日本の工兵隊によって作られた森の中のきれいな道。

七時に砲兵射撃演習場に着く。ルボン、ド・ボアンヴィル、ラグダン各氏と夕食。素朴で簡素。砲兵射撃演習場はブールジュ(20)の砲兵射撃演習場をモデルにして建設された。カルティエの部屋で寝る。日本人部隊のベッドで、固く、固く、短すぎる。それに、カルティエがひと晩中具合が悪かったので、私は一睡もしなかった。

五月二七日

散兵線上一二五〇メートルのところで戦闘を見る。装甲化した待避壕にいたが、時には破片が飛んできた。中には壕に入り込んだものもあったが事故はなかった。

夜、日本人の砲兵によってスイス製山地用砲車の砲弾の初速を測定。乗馬で散策。

五月二八日

素晴らしい一日。まあまあの夜だった。我々は二人とも眠った。私は大和田に乗馬で戻る。カルティエの馬に乗り、昨年工兵隊が作った非常にきれいな道を行く。フォンテーヌブローにいるようだった。

逆井［大和田］のフォコネ宅で昼食。市川からの渡し舟では、クルマ［の車夫］が要求した法外な値段を拒否した。幸い、野戦演習場からの撤収のため、工兵が船橋を架けるためやって来た。そこで、部署長に訴えて、人足の鼻先で意気揚々と橋を渡った。対岸で、クルマを割引料金で雇った。逆井の渡し場でも、私が行きに通った後、橋が架けられていた。午後六時に東京に戻る。プーセ氏の家でロンプレの昇進を祝う会に出かける時間にちょうど間に合った。

五月二九日

コロネルは今年、私を［昇級のため］推薦すると約束してくれた。

五月三〇日　火曜日

横浜、写真。

五月三一日

どの宮様だか知らないが、ある宮様[21]の葬儀。全部隊が準備万端整えている。恐らく、町のあちらこちらに散らばっている朝鮮人を撃つためでもあろう。九段で、全員総揃いの海軍に出会う。彼らはうまく行進しているが、音楽はまるで騒音だ。これがイギリスの楽隊の演奏とは信じ難かった。

夜は、ロシア公使館で過ごす。

馬の糧食：

大麦：四キログラム＝一三二〇匁

干し草：三キログラム＝九九〇匁

藁：二キログラム＝六六〇匁

寝藁：二〇キログラム。

別当：二一セント六六。

一八七六年六月・七月

江戸と横浜の「時節」(続)

六月一日

麹町では、明日東北地方の巡幸に出発されるミカドの荷物が次々と運ばれて行く[1]。通りは警官で溢れている。荷物はそれぞれ金色の紋のついた緑の布で覆われ、人足によって運ばれていく。

イギリス公使館で「ビクトリア」女王の誕生日祝賀夜会。旗のポールにはイギリスの国旗の色の角灯が数珠つなぎの二本の紐で飾られている。音楽はオーディセス号の楽隊が錨地に停泊しているのに、教導団の楽隊を借りて演奏させている。私はまだレディ・パークスに表敬訪問をしていないので、招待に応じなかったが、それを後悔していない。私の書斎に『パリの生活』のカドリーユや『アンゴー夫人の娘』などが聞こえてきた。

六月二日

浅草寺鐘楼と五重塔、弁天池。

午前六時にミカドが麹町を通られたが、私は行列に立ち会うことを避けた。イギリス公使館での夜会は堅苦しかったそうだ。

六月三・四日

モルナ、レニエ、ペルセルと浅草に行く。あの界隈（かいわい）に行くたびに何か新しいものを見つける。扇の遊戯。(2) ペルセルは扇を投げてうまく花を打ち倒した。昔からの知り合いのおワカさんを訪問。彼女は最高のお茶を入れてくれた。美男の外人、さようなら。確かに、たくさんの「最高」のもののおかげで私はおワカさんに会える。木造のカミの彫像、(3) これを撫でると病気が治るという。鳩。カミに投げられた紙の玉。

六月六日

多くの銃と大砲の射撃音。朝鮮人に敬意を表した閲兵式であったと後で知った。[4] すべて、とても興味深かったそうだ。またこのようなことが行われ、見られるとよい。

六月一〇日

山手五三番地で、ペルセル、エイヨ・ド・ラナディル氏と夕食をとる。L夫人についての驚くべきニュースを知る。九八番地アリマセン。何の収穫もなく、一一日［翌日］の夕食にまた行った。バザールでの昔の友達ゴゲル医師に出会う。彼はマンザレ号船上でエナールの代わりを務めている。

六月一一日

ジェンナー号での昔の知り合い（サイゴン〜香港）。写真の約束が残っている。一度、二度と、親密に別れを惜しんだ。また、博物館の犠牲者。コルサージュに私のボタンと写真を入れる。

夜は、蓬萊社銀行で『ラ・ペリコール[5]』を観る。ペルセル、小間使い。この三日間、何というだらしない生活。

朝鮮人は今日ミトの庭園で昼食をとった。顧問団の数人の士官に宛て、横浜一五九番地Bよりの通達。艦隊の二人の海軍大尉が顧問団に泊まった。

六月一二日

[……]エィョ氏が出発。魅力のある人で、いくつかの工芸品を喜んで譲渡した。明日の、、、、、、、、、、、、、午後、江戸のピアのところに行かせていただきます。今週、けりがつけられない。一六〇番地で誕生日。

六月一三日

ブーグアン宅で昼食。駅に駆けつけるため、デザートの前に出かけなければならなかった。ペルセルは人力車で私より早く来ていた。また上野を散策(もし、私の家具が話せたら)。非常に賑やかな夕食。私は一人で残る。たくさんのヤカマシイ騒音の中でイチバン荷台(?)の使いはじめ。

講堂での地形測量の講義。今朝、最終講義。一一時に帰宅。Pと共に飛び立った鳥。

幼年学校を訪問し、オカシナ玉子など、かなり多くの小さな工芸品を持って来る。昼食。ずっと語り継がれるであろう昼寝。ペルセルが来たため昼寝は中断された。群れをなして駅に向かう。帰りがけ、インターナショナル・ホテルに寄って六月一一日の写真を受け取る。私はへとへとに草臥(くたび)れた。夕食からの帰り道、町中がいろいろな紋のついた赤と白の提灯で照らされていた。江戸の町の守護神山王(さんのう)の祭りだそうだ。

六月一四日

今夜、オワリから帰ると、昨夜の提灯すべての上に、木綿、竹、紙で水平に作られた風車のようなものが置かれていて、好奇心をもって一瞥した。

一六〇番地からの手紙。前にイギリス人と手紙を交わしたようにドイツ人との交信に挑戦する。

[六月一六日]

今朝、どの宮様か知らないが、ミカドの皇女[6]の葬儀があった。ペルセルと私は乗馬でオワリに行く途中、葬列に行きあたった。先頭は騎士の一隊、そして黒い被り物を被り、白い衣服を着た多くの僧侶たち、赤と白の旗、そして白い木造の小さな家のような棺、非常にちぐはぐな皇室の車、大隊、砲兵中隊、戦車中隊、これらすべてが堀端に沿って進み、そのために思うようにミトに早く着くことができなかった。結局のところ、野次馬は少なかった。

六月一八日

イギリスの習慣。パークス公使は、午前四時発横浜行き特別列車を六〇ドルの値段で手にしたが、公使館から駅に向けて出発した時、制服姿の馭者は車の乗車口で招待者に汽車の切符を売った。資金を回収するのに巧妙なやり方である。

六月一九日

芝離宮で山県陸軍卿主催の公式夕食会。顧問団の士官全員一四名が招待された。ひどい天候は晩餐会に幸いし、多くの者が出席した。浜御殿は、今晩、オーディセス号のイギリス人の士官たちが招待されているので、我々の夕食会は浜離宮で行われなかったのだ。芝離宮はガス工場[7]の近くの小さな夏の別荘で、襖、戸、低い戸口の純和風建築の家であるが、ミカド用に革製の肘掛椅子やフランスのビエルゾン[8]の磁器を使っている。貧相な小別荘。日本の大尉が人工のバラの花を私の胸につけてくれた。いつものように、教導団の楽隊が演奏した。

六月二〇日

利根川［隅田川］に沿って乗馬で長時間の散策。築地、満潮の海、無数のジャンク。夜、

東京湾近くの隅田川河畔。

ひどかった天気も晴天になった。

六月二一日

訪問。第二版。残念ながら、私は管理責任者でもなく、編集者でもない。トヤマで夕食。我々は一緒に帰った。彼女と彼は、同じ人力車、つまりブーグアンの人力車で。私は、淋しく、一人ぼっちで、家の奥で思い悩んだ。シャルヴエ(9)に宛て、公式の書簡。[……]

六月二二日

雨。遠出の予定は流れた。この間の昼寝の代償。五時に出発。つけた香水の匂いと次の機会を待っていてくれる女性騎手しか残っていない。

六月二三日

雨。ゴゲル、ヴィジエ氏、それぞれティーブル号、マンザレ号の医師の訪問。上野を散策したが、雨で中断。山手九八番地の倒産と長崎への転居を知る。請求書に引かれた線。

六月二四日

プーセのオークション。

六月二五日

一日、十二社とトヤマの間を乗馬で過ごす。景色は、起伏があり、青々として、木々が生い茂っている。仲之町で昼食。午後六時頃、地震あり。

六月二六［・二七］日

土砂降りの雨。しかし、夕食に横浜まで遠出(とおで)した。山手五七番地、門前払いをされる。ド・モンベル氏も我々と同じように出端(ではな)をくじかれた。カルティエに会う。一六〇番地に行く。ホテルで昼食。帰宅すると、約束撤回の電報が届いていたが、遅すぎた。

六月〔二八・〕二九日
三回目の訪問。今回は私のため。十二社の方に乗馬で散策。我が家で夕食。朝遅く起きる。土砂降りの雨。昼寝。ミトで夕食。この方が、ヴィユモン氏宅の舞踏会よりずっと楽しかった。

六月三〇日
ブーグアンの人力車で二人で散策。通りが通行止めのため、汽車に乗り遅れる。おかげで、待合室で一時間会話をして過ごす。

七月一日
肩が少し疲れている。午後睡眠する必要があった。雨。C氏について、長崎に行ってしまった件についての詳細。

七月二日　日曜日
曇り、湿気が多く、うっとうしい天気。耐えられない暑さ。篩(ふるい)に閉じ込められたホタル、小さな箱に閉じ込められた蟬（麴町の通り）。

九段の招魂社。1869年、祖国のために戦没した兵士を顕彰するため設立された。現在の靖国神社。

七月四日

東京と横浜のアメリカ人は独立一〇〇周年記念祭を上野で行う予定であったが、一日中土砂降りの雨だった。

招魂社で死者鎮魂祭。九段の競馬も流れる。フォコネ宅で夕食。

日本人はヨーロッパの風習を取り入れるのに特別なやり方で取りかかる。昨年は帯刀が全員に許可された。サムライは腹を立て、鉄の扇を持つようになった。最近、勅令により、帯刀は禁止され[10]、難なく実行されている。

今日、日本式に髪形を結わない理髪師に税金を免除するという勅令が出た。日本式髪形を捨てるように強制しようとしているのだ。

七月一日以降、公務員は洋服を着るようにとの勅令が出た。その結果、士官学校の写真家は、お腹の上に記章を付け、灰色の山高帽を被り、ゲートルを巻いている。小菅氏は、六月というのに、毛皮のトック帽を被っている。ひっきりなしに降りつづく雨。

七月五日

まだ雨が降りつづく。ヴェロン海軍少将[11]、アトランタ号艦長カイエ、海軍大尉一人とコロネル用のテーブルで夕食。八時にしか食事は始まらず、意外に高くついた。コロネルとペルサンはイギリス公使館に招待されていた。夜会はあまり活気がなかった。もう少し活気づけるため、二人の大尉を招待した。

七月六日

まずまずの天気。九段で競馬が行われたそうだ。しかし、とても暑く、とてもうっとうしい天気だったので、私は競馬に行かず、くつろいで手紙を読んだ。

七月七日

激しい夕立。雷は、ヨーロッパでは聞いたことのないようなトロンペットの物凄い音で鳴った。愛国心からくる不安。

七月八日

不安が正当化された。

七月一〇日

虎ノ門の花まつり。九スーで、福、伴、菊（黄色の花、マーガレット）の三つの判子（はんこ）を買った。「大きなオトコだね」と叫びつづける。

コロネルは一人で夕食をとり、我々にシャンペンをご馳走してくれた。イタリア公使と腕を組んだフォコネ大尉に出会う。ペルセルは男の子たちの口にベルランゴのボンボンを押し込んで、男の子たちを喜ばせた。

七月一一日

ミトの庭園でルボン大尉の送別夕食会。木から木へと綱を渡し、それにたくさんの綺麗な提灯がかけられていた。しかし、蚊がたくさんいて、草は露に濡れていた。

両国橋。

七月一二日

息がつまりそうな暑さ。タタミの上に裸で横になったが、汗でびっしょり濡れた。夜は、イタリア公使邸でのシバイ。『仮面舞踏会』[12]、ただそれだけだ。役者はロシア公使館の料理人、カステリ氏の小間使い、日本人の端役。

七月一三日

相変わらず暑い。しかしながら、ペルセルと私はタナイス号船上で夕食をとるため横浜に行った。その前に気持ちのよい海水浴。一六〇番地でアイスクリームを食べる。

七月一五日

［両国］川開き。[13] レニエ艦長、ペルセルと私はジャンクを賃借りした。両国橋から祭りの舞

台に向かって行った。夢幻的な眺望、何千という提灯、舟、花火。テネシー号の楽隊による音楽。残念なことに、にわか雨のため中断され、雨は家に辿り着くまで降りつづいた。

七月一六日

すべての縫い目に小さな鈴をつけた白の服装をした男女の一団に出会った。多分巡礼者であろう。

きのう、川の上で風邪を引いてしまった。

七月一七・一八・一九日

できるかぎり休養。猛烈な暑さ。

七月二〇日

ミカドの還幸。八時から近衛連隊が四谷から出てきて城の堀端から皇居［赤坂仮御所］にかけて占拠した。麴町の通りで人々が慌（あわ）ただしく動く。教導団は桜田から麴町にかけて、我々はプーセ氏の家の窓でむなしく待った。(14) ついには教導団は立ち去り、我々も。遅かりし誓い、もうこの手には乗らないぞ！

七月二一日

ミカドが還幸された。しかし、昼食に行っていて、一行の行列に立ち会えなかった。ヤシキの門で、哀れな奴が嘆願書を竹の先につけてミカドに差し出したが、すぐに捕らえられて、アンドゥイユ［ソーセージの一種］のように紐で縛られた。

訪問。駒場の方に乗馬で散策。プーセ氏と我が家で夕食。私の行灯の使いはじめ。今回、我々は無謀なことはしなかった。

七月二二日

軍事に明け暮れた一日。雨。五時に出発。

七月二五日

横浜に行く。山手一三番地ジュバン氏宅で昼食。A・Nを訪問。「あなたからいただきたいものがあります(15)」。オーケー。夜はグランドホテルでラセール(16)の送別夕食会。一〇時に帰途に就く。ペルセルは一人ぼっちで置いてきぼりにした。

七月二六日

マニャンの訪問。あらゆる種類の興味深いニュース。明後日、聖アンナの祭日[17]にまた来ると約束したが……。

七月二七日

暑い。荷物を梱包する。いつものように人が来て中断。今回はマニャンを同伴している。二八日夜は乗馬で散策。

七月二九日

昼食。少し涼しい。始め［……］どうなるか見てみよう。私は駅まで見送らなかった。日本の保科大尉[18]を招待した。

七月三〇日

庭で蟬がうるさく啼く。叫び。午前中、非常に強い地震があった。

一八七六年八月・九月

下関と長崎へ旅行、繰り上げ帰省

［八月］一日

熱い風呂。

八月二日

暑い。夜、山手一六〇番地経由で山手五七番地に行く。うまくいかなかった夕食。山下に降りる。私が乗船する予定の船の医者に奇妙な形で紹介される。

八月三日

体調を少し崩し、昼食がとれなかった。三時に乗船。とても幅が広く、高さがかなりあり、とても短い、二本マストの船。四時に出航。乗客七五〇人。

神戸の景観。

八月四日

暑さにとても苦しんだ。まずい食事。私は少し熱があり、あらゆる食べ物を受け付けない。前記の医者が私を薬漬けにする。

八月五日

午前四時に神戸到着。きれいな投錨地。私は残念ながら上陸できない。デッキにベッドを引きずり出し、眠るように努めた。

八月六日

夜明けに出航。瀬戸内海は小さな島や灯台が散らばり、とても魅力的な航海であった。相変わらず気分がすぐれない。

長崎湾の景観。

八月七日

午前六時に下関に到着。きれいな緑の湾。二時間しか停泊しなかった。一人の日本人が時間に間に合わず、投錨地に置いてきぼりにされた。海峡を出ると海が荒れ、風が強くなった。天気がとても薄暗く、六時頃に錨を投下した。事故が起こる恐れがあった。

八月七日〜九月九日

長崎[1]。帰省。（失敗だった旅行。）病気。初の外出。カモンヤシキで夕食。昨日、予期せぬ訪問、今日は手紙。

［九月］七日〜一三日

夕立。

［九月］一三日

台風。地震。

九月一七日

［……］エスナール宅で夕食。カルティエが開けっぴろげになる。我が家でフロンティニャン（マスカットワイン）を飲む。ミュルーズのキルシュ(2)の影響。

九月一九・二〇日

夜、雨と台風。

九月二一日

ヤシの木の手入れ。幹に縛り付けた綱の結び目を使って、両足に綱を結び付けた門番とトミがよじ登った。一人分の値段で二人の小使いを使う。

九月二五日

ドイツ大使館の犬を打ちのめす。この犬にはずっと前から恨みを抱いていた。この件は、いろいろ釈明が続き、私の面目を保って終わった[3]。

九月二六日

トヤマで初めての狩。獲物はおらず、一発も発砲することなく、あらゆる方角に向けて駆け回った。

ブーグアンの家で夕食。また戻るつもりで、鉄砲を置いてきた。

九月二七日

雨。夜、地震あり。

九月二八日

工兵隊の射撃演習場へ湿っぽい散策。生徒たちは長靴をはき、刀をさして土砂降りの中、やって来た。

九月二九日

［……］午後はとても忙しかった。

一八七六年一〇月・一一月

野戦演習

一〇月二日
蚊帳（かや）を取り外す。とても寒い天気。

一〇月三日
私の犬がいなくなる。二階の工事が始まる。

一〇月四日
いろいろな種類の用事のため横浜に出かける。帰りはロシア公使館の職員と一緒。ロシア正教の司祭が、黒のビロードの裏地の褐色の服装で洗礼を行った。
私が殺した犬の飼い主に会わせられる。
神田橋で大きな火事。ロンプレが火事の現場で私の犬を見つけた。鎖は外されていた。ちゃんとすべき仕事をしなかった門番が罰金として、新しい鎖の代金を支払うことになった。消防士が延焼を食い止めた家々の屋根の上に、消防組により、小さな板が竿の先に付けられて立っている。フランス製ポンプだけが機能した。イギリス製の大きなポンプは最初にしくじったのだ。(1)

初めての貯蓄は四〇〇ドル。野戦演習の宿舎の件で、私は挫(くじ)かれた。

一〇月四［五］日

風が吹いているが雨は降っていない。夜、帰宅の途中、我が家のすぐ近くの通りに幻灯がついていた。消防組が延焼を食い止めた家々の屋根に残していった小さな板。

一〇月五［六］日

我が家のヤシの木の樹皮は、人足が雨戸に用立てている。誰とうまくいくか宿世(すくせ)の縁をくじで引く糸の遊び。(2)

田舎者は江戸の町民とどこが違うか？

（1）江戸の風呂の温度に耐えられない。

（2）前項の理由で火事を消すことができない。江戸の火消しは［羽織の］背に［組の紋を」黒字で入れた赤い丸をつけている。

一〇月七日
先週の火曜日にはどうして横浜でうまくいかなかったのだろうか？　この世の栄光はこうして通り過ぎてゆく。エスナール宅で医者と中尉の夕食。

一〇月八日
トヤマ付近の基地を撤退する。真昼はかなりきつい暑さ。夜分はとても涼しかった。

一〇月九日
台湾遠征中の別当の馬の蹄鉄に関する話。私の前の通訳、太田徳三郎(3)がミトの金属部長に任命された。

一〇月一〇日
野津少将が予定していた今日の野戦演習部隊の閲兵式は流れた。夜半、雨は我が家の天井を破り、襖(ふすま)の上に滝のように落ちてきた。

一〇月一一日
豪雨。凍るような気温（正午に七度もない）。私の仮の寝室の天井は穴が開いてしまった。私はそこから脱出し、家の反対側に避難しなければならなかった。野戦演習生活がうまくいくかどうか、怪しい兆しだ。

一〇月一二日
トイレで地震。コロネル宅でカルティエの送別夕食会。

一〇月一三日
横浜に行く。一一四番で報われない追跡。タナイス号で三人で夕食。海は少し荒れている。

一〇月一四日
下二番町で出発前の昼食。(4) 市川まで人力車で、その後は乗馬で行く。私の馬は使えず、犬は疲れきっていたので、人力車で行った。荷物は夜一〇時にしか到着しなかった。荷をほどく。ぐっすり眠った。

一〇月一五日

目が覚めてから、現場を見て廻る。森の中に隠れたきれいな農家。大きな木々にツグミがたくさんいる。辺りをペルセルと乗馬で散策。すばらしい天気。

一〇月一七日

朝、学校まで徒歩で行った。夕方、森と田圃を仕事のため、長時間散歩した。二番目の馬「おボタン」（松の花？）を手に入れる。この馬に乗るのに苦労した。

一〇月一八日

佐倉道で私の犬がまたいなくなった。これで二度目である。米の収穫：厚底靴、長柄（ながえ）の半月鎌。

学校の訓練が中断される。野津少将が、生徒たちを警察官として雇用しようとしたからである。コロネルが初めて熱心に力を尽くして交渉してくれた。私にはどこかに散歩に出かけるようにと言われた。ジュールダン大尉曰く、「野津はこの休養をもたらしてくれた」(5)。私は海岸に沿って久々田（くくだ）村の方に行き、長時間散策をした。帰ると、この件は解決していた。ケルブ［犬］の消息はない。

一〇月一九日

雨模様。佐倉道に濡れながら、むなしく犬を探しに行く。

一〇月二〇日

海の方へ久々田村まで、ペルセル、ロンプレと散策する。ロンプレの犬ストップもはぐれてしまうが、単独で戻ってきた。

一〇月二一日

横浜に向け出発。カルティエの送別夕食会があるのだ。家から一〇〇メートルのところで、人慣れしていない田舎の郵便配達人に会ったが、我々を見ると逃げ出した。我々はその後を追った。私の馬は私と一緒に倒れ、私に泥を浴びさせた。しかし、事故にはならなかった。

市川まで一時間一五分、馬の常足（なみあし）で行く。その後は人力車で行った。夕食では我々の内部対立が感じられた。ゴゲル、マニャン、ギザン氏が合流し、多くの者が神奈川に向け、出て行った。おスミさん。東京に早く戻る。H宅で昼食をし、野戦演習場に出発。日暮れ時に到着。

道端の宗教的な石の前でモグラ捕りの種類についての説明。神に奉納された稲をつけた板（手向けの稲？）。

市川の近くの竹林。ここに入ると出て来られないそうだ。

一〇月二三日

ペルセル、ジュールダン大尉と砲兵野戦演習場にオルセル大尉を訪問。

帰ると、ケルブが戻っていた。人足が船橋から連れ戻してきたのだ。またもや、名札が取れていた。木製のものを付けさせなければならない。日本人はヨーロッパの犬を「カメ」と呼んでいる。多分、英語の《come here》かオランダ語の略語からきているのであろう。

我々はネズミに苛まれている。特に食堂のある家で。私の家では、一匹のネズミが長枕と私の頭の上を通って行った。私はベッドを机の上に置いた。それに、うまく機能するネズミ捕りを買った。(6)

一〇月二四日

降りつづく雨。野戦演習場に行こうとし、泥まみれでびっしょり濡れて戻った。私の馬は、粘土質でデコボコの道を一歩ごとに躓（つまず）く。農家では、皆、火鉢のまわりのタタミの上で眠る。

一〇月二五日

素晴らしい天気。野戦演習場の北を仕事としての散策。

一〇月二六日

小金の方に騎馬隊と軍隊行進。出発時におボタン（馬）は悪ふざけをする。種馬飼育場の囲いの近くの草の上で昼食。

一〇月二七日

午前中、とても寒い。いつもの女性たちの約束。三山（みやま）の近くで非常に新しい墓を見る。青と白の紙の飾りのついた竹の小さな囲い、死者の足元に二杯のご飯、紙と花の束をつけた竹の竿がついていた。提灯をつけて夕食からの帰り道、青いスカーフで髪を結い、近くの寺院から出て来た女性の一団のど真ん中に偶然行き当たった。どの神様か知らないが、ある神様の祭りであろう。みんなと一緒に帰る。

一〇月二八日

夕食から帰って、一風変わったお風呂のシーン。FかVか、私は上着しか見分けられなかった。

男が円柱からギャロップで飛び出してくる。ムスメが大笑いの中、彼と入れ替わり、お尻に大きな音の平手打ちを喰らう。

一〇月二九日　日曜日

砲兵射撃演習場で昼食。下志津を経て臼井まで乗馬で素敵な散策。臼井の湖（印旛沼）は縦横約三キロメートル、南岸は平らで、北岸は山地である。水は青く、静かである。

一〇月三〇日

マニャンとトマ(7)が不意にやって来る。二日間の散策。駄馬が通れるように道路を整備する日本のやり方。おボタンの夜間の向こう見ずな冒険。

一一月一日

雨。

一一月二日

すばらしい天気。射撃板を見に行って遅くなり、まばゆいばかりの満月の光に照らされて帰った。農家では、満月の光を利用して、大きな平らな櫛（くし）のようなもの［千歯扱き（せんばこき）］の上で稲を打っていた。農家の娘たちははしゃぐ。

熊本のサムライたちの反乱についていろいろ話されている。(8) 野戦演習場も不意をつかれる恐れがあり、千葉で逮捕者が出たとも言われている。(9)

一一月三日

ミカドの誕生日で祝日。事態は複雑になっているのだろうか？　士官学校の平岡大佐は、夜外出する時は武器を身に着けるようにと通達を出し、私の小使いは、東京からピストルを取り寄せましょうか、と尋ねた。

一一月四・五日

ジュールダン大尉と臼井の湖に鴨猟に行く。(10) 砲兵野戦地経由で宿屋まで乗馬で行く。折り畳み椅子付きの舟が二艘。一時間後に夕立、雨、湖に落雷。漁師の小さな小屋に避難。びしょ濡れに濡れて戻る。姐(ねえ)さんたちといつものようにふざける。翌日、六時にオニオンスープを食べ、出発。昨日よりは少し増しだった。湖の島で昼食。夕方は、風が出て、狩がうまくできなかった。同じ道を通って乗馬で帰る。

一一月六日

野戦演習の最後を飾る小さな祭典の際に配置される大砲の位置のプランについて費やされた一日。

一一月七日

激しい風。一艘の日本の舟が久々田(くくだ)村で沈没した。ここ数日間は晴天。なにごとも起こらない。千葉県は県民に翌日、この日、フランスの教官が武器の実験を行うからという理由で湖で猟や釣りを禁じた。ヨーロッパではこういうことがあり得るだろうか？　通訳たちは、我々が猟に行く時、エスコートするようにという命令を受けた。

一一月一五日

野戦演習の最後を飾る軍隊のささやかな催し物の予行演習。ここで、日本人が単独で何に指導力を発揮できるかがわかる。個人個人の知識はかなり不十分。団体行動と指揮はゼロである。

一一月一七日　金曜日

ミカドの行幸[11]と野戦演習の最後。午前七時、肌を刺すような寒さ、コロネルと三山を出発。ミカドによる閲兵式。我々はミカドの随行団の後に従う。ミカドの馬には赤と金の素晴らしい鞍が取り付けられ、黒のシルクハットを被った二人の馬丁が馬の先頭を行く。ミカド（二六歳位）は、脱帽しない、黒い羽根をつけた大きなオペラハットを被り、頭は風雨から守られ、乗馬は非常に拙い。随行団は二〇人ぐらいの、粗末な身なりで、靴にズボンをとめる小バンドをつけていない文官で構成されている。三条［実美］首相は馬上でハラハラしている。メガネをかけた子供のような小柄の人物である。その後を山県陸軍卿が従う。山県卿には既に会ったことがある。閲兵式：閲兵の行列と向き合って配置された部隊は顔色がなかなかよいが、東京から衛兵隊の楽隊が来ていたのに、行進に音楽が欠けているように思われた。長くて退屈な馬術演技供覧。午後は演習披露。かなりよくできた。多くの騒音と煙が出たが、こうしなければならず、これでよかったのだ。

幕僚の小屋でミカドに謁見。絹の織物を賜る。『トラペズスの王女[12]』のカドリーユのメロディーに乗って四時頃野戦演習場を離れた。
夜、士官は全員、紅白二反の絹織物を受け取った。

一一月一八日
日本人が道端で下駄に座って滑稽に怒っている。私の犬が邪魔をしたというのだ。しかも、顔色は黄色で痩せた体つき。

一一月二三日
私の馬、犬、別当が田圃に落ちる。幸い、私自身は地面に飛び降りて田圃に落ちずにすんだ。久々田村の台地に雁。

一一月二五日
野戦演習場から臼井に向けて出発。トノイ（?）。道路通行のために二両。一一時に乗馬で臼井に出発。一時間半、狩をしたが、獲物は何もなかった。帰路：日本女性のパイプ［煙管（きせる）］の珍事。
翌日、五時起床。オランダを思わせる風景。猟の待ち伏せ小屋。舟を降りる。成田道の中

成田山新勝寺。

川で昼食。おイワさん、おタキさん。成田へは人力車で約二里。道は風変わりな松と祈願の石に縁取られている。町は非常に趣のある谷間にある。建物は全く和風である。段丘によって離されている二堂［釈迦堂と光明堂］。木造、ブロンズ製、石造の甚だしい装飾（扉も）。

僧坊。ここで角柱の形をした箱から石［紙?］を引き出して御神籤を買う。感じのよい僧侶。たくさんの絵馬、剣、傘など。不動明王は戦争のカミでシンボルとして利剣を持っている。巨大なブロンズ製の剣があり、かつて不動明王はこの利剣で山々を切断した。紐の入った小さな箱を持って寺のまわりを廻る参詣者。髪の毛で作られた縄、カミに奉納された髪の毛。不妊症の女性のための穹窿。輪転経蔵。ネズミと猥褻な話をしてくれたその番人。扉の上に貼られた木版の三二の孝心。小さな金銅仏像。非常にきれいな僧坊。白の服装の見習い僧。
中川に戻り、晩まで小旅行。姐さんたちと冗談を言いながらの夕食。襖の穴から覗いて見た入浴のシーン：葛藤して化粧するおタキさん、ヨーロッパの宿では聞いたことのないほど非常にきつい調子で油を絞られた宿屋の主人。

一一月二七日

舟で臼井まで戻る。雨と寒さ。同伴者は乗馬で東京に帰るが、私は人力車で出発し、なにごともなく、同伴者より二時間早く東京に戻った。

一一月二九日

伏見宮殿下（兄）が、大将の礼装で、日比谷練兵場において工兵部隊と輸送部隊の検閲をした。殿下は紅白の大勲章をつけていたが、私はこの勲章を初めて見た。
夜、火事を知らせる鐘が鳴った。ひとつき、そして二つき、二階に登ると、城の向こう側に閃光が見えた。多分、一ッ橋か神田橋の方だろう。今シーズン初めての火事である。[13]
次の便で、ガロパン[14]に「フランス軍事顧問団メンバーとして招聘の」公式の書簡がいくはずだ。

一一月三〇日

昨夜の火事はやっぱり神田橋から京橋にかけて発生した。つまり、前回の火事が消し止められた地点からである。風に煽られて、築地まで延焼した。今朝、朝食にパンが出なかった。パン屋が焼けてしまったからである。今回の火事は、記憶に残るもののうち、一番大きな火事だった。長さ四分の三里、幅二分の一里の範囲で三〇〇〇軒焼けた。

一八七六年一二月

シャルヴェ中尉来日／クリスマス

一二月一日

横浜。マンザレ号の停泊地で行われるクロスカントリー競馬。上海の山羊の皮。トマ氏[1]、ユゼス市シャレット橋の蚕種製造者。Y・P嬢は非常に好奇心に駆られ、我々は列車に乗り遅れた。そこで、ホテルに泊まる。

一二月二日

神田橋でまた火事。古い屋敷（出羽屋敷）を被災者に提供。煉瓦建ての警察の交番で二七人が生きたまま焼死したそうだ。

革なめし工の職業に対する日本人の偏見。かつては、革なめし工は江戸に住むことを禁じられ、裸足でしか江戸に入ることができなかった。

一二月八日

今晩、ティーブル号で着く予定のシャルヴェを迎えに横浜に行く。なにごともなし。五七番地で夕食。紙の一撃。規定通りの最初のジャンク（？）。

一二月九日

相変わらず何の情報もない。一日中、埠頭をぶらつく。灯台船を窺う。

一二月一〇日

何も情報はない。私は彼は来ないだろうとシャンペンを賭けた。ティーブル号より二日遅れて香港を出航したアメリカの便が午前五時から錨泊地に停泊している。昼食時、ついに大砲が鳴った。我々は好機を逃さず駆けつけ、船がやって来るのを見た。すぐにサンパンに乗り、船に近づいた。

私はシャンペンの賭けに負けたが、気にしない。東京に戻り、コロネル宅で共に夕食をとろう。

一二月一一日

ユゼスの蚕種製造者トマ氏が出発。ボンナ宅で夕食。シャルヴェは一三〇番地に。また列車に乗り遅れる。

一二月一二日

コロネル宅で歓迎夕食会。

一二月一四日

築地の火事現場を散策。いたるところで再建している。

一二月一五日

二人の男が大きな太鼓を竹の上に載せて運んでいるのに出会う。後の男が拍子をとって太鼓を叩く。こうやって、どのカミの祭りか知らないが、祭りの予告をしているのだ。ネズミ捕りの商人に出会う。証拠として、捕らえられたネズミが並べられていた。

一二月一六日

午後五時に火事。私の家の二階から九段と竹橋の間に火が見える。風が九段の方に押し流している。夕食前、歩いて現場まで見に行った。駿河台の方であまり大きな火事ではなかった。

私の犬ケルブは私の馬に足で蹴られた。日本の医者に連れて行かせたところ、犬の脚に包帯をし、小使いが持って行ったぼろ布はすべて自分用に取ってしまった。酒に何だか知らない草を乾燥させたものと黒鉛に似た黒い粉を混ぜた煎じ薬を処方してくれた。

一二月二〇日

M氏宅で夕食。凍てつくような寒さにもめげず、新橋の劇場に行ったが閉まっていた。どさ回りの公演が予告されていたのだが。凍えて帰宅し、やっと暖をとった途端に、戸山方面の火事を知らせる鐘が鳴った。遠方なので、床に就いた。

一二月二五〜二六日

ここでもヨーロッパと同じようにクリスマスを祝うようだ。数多くの小さな店。ほとんどが羽子板(はごいた)、凧など子供のおもちゃを売る店。二六日に出羽屋敷に夕食に行く途中、いつもの大きな蠟燭を灯して、木製容器の市が立っていた。

一二月二八日

シャルヴェと浅草近辺を散策。多くの通りが緑の竹で飾られ、多くの玄関にはオレンジをつけた葉の弓形の飾りが取り付けられている。新年を祝うためである。どこの家でも、大きな臼（うす）に茹（ゆ）でた米を入れてすりつぶし、餅を作っている。

一二月三〇日

夕食に行くため夜外出すると、私の家の門に稲の藁の縄［しめ縄］を張った二つの緑の竹の大きな束［門松］が立っていた。陸軍省からの新年のための心づけだそうだ。

一二月三一日

昼食から戻る途中、門が閉まり、私の家の方に微光が見える。いたずら者が私の家が火事だという。走って駆けつける。幸い、デタラメな警報であった。火事は牛込方面でオワリとミトの間であった。夕方、日本橋方面に新たな警報があり、大きな火事があった。麹町の大通りは大提灯で照明されている。

一八七七年一月

新年拝賀／日本の士官の家に招待される

一月一日

公式訪問を次々とさせられた。午前九時にコロネル邸へ。一〇時には陸軍卿。午後三時にはフランス公使［代理］。公使は中途半端な服装で出迎えた。通りは、おかしな山高帽やどうにもならない服装、何ともいえない恰好の人で溢れている。そのなかで、日本海軍軍人が、金ぴかの軍服や威厳によって、ひと際目立っている。すべての通りは竹で飾られ、凧や羽子板で遊ぶ人で賑わっている。

一月二日

今朝一〇時、非常に不愉快な雪の中、軍事顧問団はミカドに参賀する(1)。私はこれまでここ赤坂でしかこれほど多くの正装した醜い者どもを見たことがない。親王や王子たちは、年に関係なく、熊の毛皮のオペラハットを被り、キラキラした紋、「礼服」、金色の縞のグレーのズボンをはいている。ある者はオペラハットを被り、その下から日本式に結った髪の毛の先が尻尾のように出ており、また、刀差しに古い日本刀を差している者もいる。赤坂の宮殿(2)には別に目ぼしいものがなく、多くの日本の家屋に劣る。控室には非常に質素な暖炉と安物の鏡があり、一メートルにつき二〇セントで買えるような絨毯が敷かれている。数点のきれいな屏風があるが、すべてがみすぼらしく、カイロの総督の宮殿を思わせる。

一時間待った後、物凄く寒い廊下で列を作った。外国人の士官がまず通された。数人の士官とデュ・ブスケ大尉は三度敬礼し、後ずさりした。我々はこれを部屋の外から眺めた。我々はコロネルに倣(なら)い、一回敬礼し、回れ右をして引き下がった。ミカドは、いたるところ金でかざられた服装に、大綬(だいじゅ)をつけて、四人の侍従と火鉢四つを脇にして、平凡な椅子の前にお立ちになり、標石のようにじっとして身動きもなさらなかった。謁見の部屋は何の飾りもない、広い和室であった。多くの旅館の広間の方がずっと増しである。庭園はとても美しいそうだ。

一月四日

朝早く、大きな鐘の音で目が覚めた。しかし、火事を見る手立ては無かった。鐘の音は裁判所の近くで行われた消防士の大観閲式を知らせるものであったという。

一月五日

横浜、山手五七番地。M氏は非常に心配そうであった。一〇時に帰宅。

一月六日

昨夜は火事が三件あった。一番大きなものは両国橋の辺りである。しかし、私は既に床に就いていたので、起き上がらなかった。数日前から、夜警が街を二つの木片［拍子木（ひょうしぎ）］を特別なやり方で打ち合って歩くのを耳にする。横浜では、金属の輪がついた杖のカチカチいう音でやってくるのを見た。ところで、夜一〇時にまた火事があった。幸い、遠くだ。拍子木の打つ音は一回だけ。二階に上がる。窓の金具で手を擦りむいてしまう。しかし、何も見えない。日本の夜警は、近くの芝居小屋でぶんぶんうなっている三味線の音を火事の鐘の音だと勘違いしたに違いない。

一月八日

夜、ヤシキからの帰途、靴屋の店先で面をつけた役者の野外劇を見る。役者は二人の老女を演じているようで、扇子を壊れるまで面に叩きつけ合っていた。見物人は大声で笑っていた。日本では、男性は踊らず、女性は劇を演じない。

一月一二日

午後は、教導団騎兵隊中尉磯野氏の家で非常に楽しく過ごした。彼は加賀屋敷の近くにポツンと建った小さな家に住んでいる。食事は全く和食であった。シャルヴェは箸がうまく使えず、みんなからやじられ、きちんと座ろうとして瓶を壊してしまった。多くの変わった料理が出たが、なかでも野菜として出された生姜、あらゆる種類の魚、非常に美味しいゼリーなど。日本の礼儀作法：箸は料理に突き刺さず、横に置くこと、半分注がれた自分のグラスを敬意を表したい人に渡し、その人のグラスを飲み干し、隣人のグラスと交換すること。カエヨウカ？

家族の子供と女性は食事に同席するが我々と一緒に食事はしない。一人の女性は二歳を越した子供にもったいつけて授乳した。三人の芸者が出てきたが、そのうちの一人はなかなかの美人であり、三人とも素晴らしい着付けで、夜会の間、何度も着替えをした。三味線のトリオ、恋する人足の話、投扇興（とうせんきょう）、踊り、包丁・石・鋏の遊戯：動作は各道具にそれぞれ関連しており、動作の順序を間違えてはいけない。そうしないと、着物を一つ失う罰を受ける。松岡の冗談はきっぱり終わらなかった。確かに酒はうまい。嵐の中、あらゆる類（たぐい）の大きな目をした怪獣に出会ったという日本のほらふき、鹿児島の勇敢な戦士の話、などなど。素晴らしい夜会であった。

一月一三日

ミトで夕食を兼ねた昼食。そこで、Aは立派な教育を受けてきたことをまた新たに裏付けた。

一月一四日

食卓に知らない食べ物が出た。海亀である。とても美味しかった。

日本人はいくらかの公費を節約する措置をとったところである。この措置のため政府にとって多くの不都合が生じるであろう。予告なしに、二段階以下の全士官を首にしたのである。イトウ、宮重、榎本、恐らく小菅も、などなど、多くの友人が解雇される。このようなことが革命を企てるのによい機会を作る危険がある。しかしながら、農業、美術、医学、外国にある公使館などは手をつけずそのままにしている。

夜、横浜で大火事があった。レーン・クロフォード商会(3)、スティルフィールド・アンデルセン(4)、ケリー商会(5)などが被災した。シャルヴェとペルサンは山手から火事を見て、見事だったと保証した。すべてに保険がかけられている。

一月二五日

ミカド、京都へ行幸出発（一月二四日）[6]。九段の競馬：賞は私の馬がキャンプの尻尾の短い馬に打ち勝った。夜は大雪。

一月二六日

五七番地に別れを告げに行くという口実のもとに横浜に出かける。本当の目的は、一三〇番地で良血の治療［?］を受けること。ここでは特別なダンスをしている。音楽付きの半分真面目な夕食。家中が乱雑を極めている。私は、同伴者を置いてきぼりにして憤慨して帰り、ホテルに泊まった。

一月二七日

浜御殿で、大山陸軍［副］大臣主催の夕食会。行く途中、人力車の車輪がはずれた。左の楔（くさび）がはずれたのだ。車夫と私も外に投げ出されたが、外套が落下の衝撃を和らげてくれた。美味しいシギのパテ以外は、特別に何もなかった。メニューを持って帰るのを忘れた。帽子付きカザック［軍人用マント］を脱ぐ。これら大人物たちは皆、多少とも軽業師的な紙の帽子を被っていた。帰りはとても寒かった。

一月三〇日

ひどい天気。雨、風、雪、泥濘。昼食に行く途中、徒刑囚に引かれた米俵を積んだ車の一行に出会う。徒刑囚は赤い服装で二人ずつ鎖に繋がれ、鎖はバンドの代わりとなり、二本の轅に付けられた輪に通されていた。二人の男が轅の外を歩き、お互いに近づくことも、車から離れることもできない。

ロシア公使館で中尉の夕食。そこでは、戦争が起こると信じている。ロシアの習慣：サロンの天井の隅に掛けられている宗教的絵画。オードブルにキュンメル酒とキャビア。コーヒーはミルク付きで出された。

一八七七年二月

火災の月／反乱の始まり

二月一日

午後は興奮の種が尽きなかった。昼食のデザートを食べていると、教導団の裏手に大きな火柱と煙が立ち上った[1]。燃えているのは外務省。東京でいちばん美しく、いちばん古い屋敷の一つである。ジュールダン大尉、シャルヴェと私は数分後に現場に駆け付ける。消防士は叫びながら、ポンプや鳶口（とびぐち）、纏（まとい）、小さな板を持って駆け付けてくる。一人の男が足に怪我（けが）をした。耐えられない熱さ。

突然、一五〇歩離れた松柏類の木立ちに飛び火したが、幸い、消し止めた。ロシア公使館の職員は消火のため準備万端整えている。

やっと火を消し止めたところ、麹町や士官学校の方に火の手が上がるのが見えた。我々は大急ぎで戻る。幸い、誤った警報であった。

夜、士官学校の新厩舎が火事で焼けてしまった。外務省の火事はずっと地平線を照らしており、また別の火事が芝方面で起こっている。士官学校の火事を消火したのは生徒たちである。

二月二日

今晩もまた辛い興奮。夜、強風が吹く。トミに火事が起こったら起こすよう頼んでおいた。二時半頃、鐘の音が三回鳴る。黄金の夢の途中ではっと目を覚ました。火事はすぐ近くで、エナールが前に住んでいた家だ。風は我が家の方に火の粉を追い払っている。大急ぎでゴドン〔倉〕に荷物を運ぶ。屋根に水をまくが、寒さですぐ氷ってしまい、屋根の上を歩き回るのも非常に難しくなってしまう。

天野氏が乗馬で私に会いに来た。ヴァンサンヌ氏の家に行く。彼は我が家にすべてを運ぶため荷造りをしていた。幸い、風向きが変わり、火事はすばやく消し止められた。そこで、二時間ハラハラした後、再び床に就いた。今晩は、ある人曰く九件、また他の人の話では一四件の火事があったという。そのうち、四件は我が家の近くであった。

午後、習慣を忘れないように地震があった。

ヤクニンの高官がその地位にふさわしく振る舞うためには、火事になった時、なるべく大きな提灯二つを、地位と役職名を書いて、門の前に置かなければならないそうだ。火事の最中、見舞いに行くのが礼儀である。そこで、二つの提灯は被災者の家の目印となる。訪問者は正月の年賀訪問のように名刺を置いていく。

数日前から、日没後、西の空に地平線に対して傾いた光の帯が見える。この光の帯は、黄道光（こうどうこう）のすべての特徴を示している。帯の底部の長さ約三〇度、高さ四〇度。

二月五日

午後三時、カモンヤシキから一〇〇メートルほどの教導団の兵舎で火事が起こった。私は大急ぎで駆けつけた。幸い、危惧することはなかった。湿ったカバーで覆われた火薬庫は爆発しなかった。曾我少将(2)と大山副大臣は現場にいた。友人たちは皆、次から次へと駆けつけて来た。この火事はいつものように終わった。

二月六日

シャルヴェと横浜に例のケースを取りに行く。ほかにも楽しい用事があった。一三〇番地ではそれまで見たことのない乱雑ぶりであった。ボンナ宅で昼食。

二月一〇日

横浜に秘められた用で出かける。ここで苦い経験をして、《next evening》と《this evening》のはっきりした違いを知った。

二月一一日

日本人は今日明治の記念日[3]を祝う。多くの国旗とユニフォーム。正午、日比谷練兵場で一〇一発の大砲が発砲される。

二月一二日

今晩、教導団で二度目の火事があった。我が家の界隈(かいわい)では鐘が鳴らなかったので、私は家で落ち着いていたが、カモンヤシキでは全員が起き上がり、待機した。

南日本の事態[4]はよくないという。ミカドは大阪で歓迎されず、巡幸をそのまま続けるのはよくないと判断されたそうだ。

二月一四日

南の地方から、非常に悪い情報が届く。反乱は疑いの余地がない。鹿児島のサムライは火薬を引き取りに来た政府の船に火薬を引き渡すのを拒否したのである。反乱はパリ・コミューンと同じようにして始まった。[5] 待命予備の全部隊が出発する。

午後六時に、九段とミトの間で火事があった。幸い、風が城の方に火の手を吹き流していたので、私はおおかた落ち着いて夕食に出かけた。道すがら、街の消防士や多くの心配顔の住民とすれ違う。帰りには、もう危惧することはなかった。

二月一五日

昨日と同じ時間に火事があった。今回は一ッ橋方面だったので、心配はしなかった。

新政策の危機はますます強くなっていく。部隊と士官の出征が続く。一八六六［一八六八?］年と同じ兆し[6]がある。フランスが反乱軍に武器を売っていると噂されている。

二月一六日

ここから数時間の新宿に叛徒が出没しているという。日本の新聞（『朝野新聞』）は読者に火事に注意するよう、警告している。五時に上野方面に火事が起こった。昨日の火事は浅草の近くだった。

二月一七日

夜は寒かった。朝、洗面の水が凍ってしまった。午後四時、エナールの家の方で火事があった。トヤマの一一一人の生徒に出動させた。

反乱軍は前進しているようだが、陸軍副大臣の大山大将はそんなことにはおかまいなく、午後は精養軒でビリヤードに興じている。今夜の夕刊は、反乱軍が長崎を占拠したと報じている。今日は大砲を二八機発送した。友人の将校たちは、夜は外出しない方がよいと親切に忠告してくれる。それほど危険は感じていないが、この機を狙う泥棒もいるかもしれないので、装塡したピストルを横に置いて寝る。

門番が妻を変えたと知らせてくる。また別当の妻は妊娠しているそうだ。今日、一・六両(7)で、うまく機能する手動のポンプを購入した。両のレートは急に下がり、ドルが上がっている。

二月一九日

コロネルと、契約の更新(8)につき真剣に話し合う。しかし、シャルヴェと私は何もサインしないで引き下がった。

二月二〇日

部隊の南への出征が続く。今朝、部隊が出征して空になったオワリの兵舎から必需品を運ぶ輸送隊に出会った。友人の黒田司令官は、昨日下関に召集された。騎兵隊の白瀬大尉、戦列工兵中隊二隊、野戦電信技士、近衛第二連隊（第一連隊はすでに戦場に向かっている）も同様である。ここには誰もいなくなるであろう。

二月二四日

今日、短刀を一二〇ピアストルという結構な値段で売りに来た。この刀の謂れは物語的である。これは、現在のミカドの父帝の兄弟、妾腹の近衛氏のものであった。その皇子の息子が金に窮している。そして、私が近所で知り合った少年の父親の妹が皇子の息子の家来の愛妾なのである。皇子の息子は、窮地から脱するため、武器や着物を売りに出していて、少年がそれらを私に売りに来るのだが、今回は高すぎた。

台風、風、とても暑い天気。木々の花がほころびはじめた。

二月二七日

コロネル邸で夕食。帰りは素晴らしい満月であった。例の皇子の所有品の売買をしている呉服屋から私は工芸品をいくつか買ったが、この呉服屋が特別な申し出をしてきた。彼の娘は踊りの師匠であり、息子は例の少年で、この少年が呉服屋の娘の弟子たちの踊りを見るのは楽しいことではないかと言ってきたのである。少年は男なので踊らない。もちろん、私は躊躇（ちゅうちょ）なく承諾した。そして、明日二時に若い娘たちが我が家に来て、できたら、夜一〇時まで居残ってもらう、ということになった。また、幕間にはささやかな食事を出すという心遣いも決められた。

まあどうなるか見てみよう。

二月二八日

実際、二時に食事から戻ると、若い方々がいらっしゃいました、と知らされた。和菓子を用意させていた。三人の娘たちで、ほかの人たちは悪天候のため来られなかった。しかし、この三人の娘のうちおカメさんはとても親切であった。娘たちは、それぞれ、老女（お婆さん）と師匠の監視のもとで、家の中を丹念に見て廻った。三人が皆、私のベッドに潜り込むだろうか。幸い、私はベッドにはいない。二階で、目隠し鬼ごっこをし、どうにかこうにかペチャクチャおしゃべりをした。今まで二階でこのようなお祭り騒ぎをしたことはない。シャルヴェが四時に来て、夕食までとても楽しく過ごした。何度も跪（ひざまず）いて別れを惜しんだ。ある時間には我が家に一〇人もの日本人がいた。呉服屋さんは完全にこの件で報われた。彼は私のワインのボトル半分を飲みほした。そして彼は最後まで居残らなかった。

この善良な人たちは全員で私に「永遠の」賛辞を惜しまなかった。彼らは、私が望めば、いつでもまた来ると約束してくれた。「一銭も払わずに」。今夜は、私の歓待にお礼をいう機会を折を見ては窺っていた。今夜かかった費用はゼロ両!

一八七七年三月

反乱は続く／神戸とその近郊に出発

三月一日

今日は、おカメさんとおマサさんの小使いが、きのうの我が家での歓待のお礼を言いに来た。何という善良な人たちであろう。

士官学校の歩兵隊の生徒は、予備大隊の訓練を受けるため、東京、名古屋、大阪に送られた。九州には現在一六歩兵大隊が行っている。

三月二日

呉服屋さんからのプレゼントの植木鉢を受け取る。お返しに、マニラ葉巻の小さな箱を送った。このようなやりとりがどういう目的でいつまで続くのだろうか？

三月五日

歩兵隊の四人の生徒、多分もっと多くの生徒が士官学校に来なくなった。彼らがどうしているのかまだわからない。

三月三・四・五・六日

風、雪、泥濘（ぬかるみ）、地震、火事、内乱。三年生の生徒は歩兵隊の生徒と同様、部隊に送られることになった。

三月八日

士官学校の三年生の生徒は明日、玄海丸で神戸に出発することになった。私はかつてこの船で長崎に行ったことがある。今朝七時に、コロネルが士官学校において三年生を集めて別れを惜しんだ。彼らの不在が短期間であればよいが、どうもそんな様子はない。

そのすぐ後、日比谷練兵場で全部隊の集会。市民に全員が出征していないことを見せるためである。曾我少将が指揮をとった。反乱軍の首領の弟、西郷［従道（つぐみち）］中将が謁見した。越中島（えっちゅうじま）の沿岸でも騒音を立てる予定である。砲兵中隊四隊、騎兵中隊二隊、大隊八（？）隊、工兵中隊。

物凄い風、すごい寒さ。それでも果樹に花が咲いている。

三月九日

山根君と黒田君が訪ねてきた。そのうちの一人が通訳を務める。二人とも士官学校の生徒である。山根君はきのう体調を崩していたが、今日、級友と出発する。黒田君はまだ出征の予定はないが、二人とも兵籍登録願いを出したと言っていた。その後間もなく、今度は石本が別れに来た。彼を昼食に引き止めた。

シャルヴェと私は石本を駅まで見送った。駅には、級友ほとんど全員が既に来ていて、我々を大歓迎してくれた。手紙を書いてくれることや、写真を送ってくれることなど約束してくれた。一部の生徒(片岡)は涙ながらに話をしていたし、ある生徒たちは酒によって歓喜を高めていたと言えよう。天野も駅に来ていた。我々は、石本のポケットに葉巻とコニャックの小瓶を詰め込んだ。

帰りがけ、二年生のかつての生徒のグループに出会った。その中には騎兵隊の首席の秋葉がいた。彼らは皆、間もなく自分たちも出征すると信じている。アカテス(1)のように忠実な砲兵の村越、騎兵中尉の鼓(つづみ)、本田、原田も出征する。

夜は、シャルヴェと浅草、日本橋界隈で工芸品漁(ビブロあさ)りをした。この辺りは、東京でも最も好奇心をそそる所である。大きな黒い倉。大きな商店。独特な賑わい。

三月一〇日

ロンプレとフィリッピのオークション。悪天と来場者が少ないため延期となる。

三月一一日　日曜日

昼食後、何ともさえない、嫌らしいドイツ人が訪ねて来た。彼はシャケ（ジャケ）氏から「家具」を買いに来たのだという。［……］ヴィンディッシュ医師と一緒に四輪馬車で来たのだ。医師は叙勲されて五週間前から戻って来ていた。このドイツ人は「八日」前に来日し、「日本語」は一言も話せない。しかし、フランス「郵船」は「良い船」を持っている。彼から彼の国籍を認めさせなければならなかった。三度、四度、「イエス」と言わせた挙句（あげく）の果て、英語の会話に移った。シャルヴェは食堂のノートにこのドイツ人を戯画化しようとしたが無駄だった。

［三月］一二日　月曜日

士官全員が、横須賀造船所[2]の技師ティボディエ氏とデュポン氏[3]の招待を受け、日本の軍艦

横須賀造船所全景。

コルベット艦天城艦(4)の進水を見学に行った。シャルヴェと私は用事のため月曜日の夜出発した。一三〇番地で昔馴染みに会う。ボンナ宅で、マンザレ号のゴゲル氏、マニャン氏と夕食をとる。

翌日一〇時に横須賀丸(5)で横須賀に向け出発。曇っていたが海は凪いでいた。昼食時に到着。二つのグループに別れ、私は芳しくない方に当たってしまった。昼食後、造船所内を見て廻る。興味深い施設、トンネル、ドック。輸送船になった帝室ヨットを見学。進水。フランス郵船のランチで戻る。ペルサンとジュールダン大尉にとって時宜を得ない汽笛。我々は帝室ヨットの関係者に挨拶もせず失礼した。ヨットには海軍士官学校の生徒や有栖川宮の二人の親王(6)、軍楽隊が搭乗しており、むなしく帆を張っていた。

一二日に、［横浜］路線で最高の汽船パシフィック・メール社のオセアニア号を見学。サロンはきれいだが、船室はフランス郵船のものより劣る。廊下は狭く、薄暗い。パーセル船長が自ら船底の機械室や舳先（へさき）のわけのわからない箱の中までいたるところを案内してくれた。あちらこちらに「甲板の昇降口に注意！」と書かれている。ということは、この船はたびたび乗客を乗船させているのだ。船は今日正午に出航し、横須賀湾を通過するのを見た。

横須賀に風変わりな寺院の廃墟がある。この寺の神は破損を治し、特有の奉納物（エクスヴォト）を受け取っていたという。

［三月］一四日　水曜日

横浜に夜戻る。「あなたはいろいろなことをやりすぎる」。

［三月］一五日　木曜日

帰国の件に触れる。

［三月］一七日　土曜日

ペルサン大尉とオルセル大尉のオークション。ヤシキのベランダがオークションの最中に崩れ落ちる。

［三月］二〇日　火曜日

眠れない。火事の鐘の音がうるさい。火事は神田橋の近く。私は動かずじっとしていた。

今週はずっとレセプションが続く。きのうは大尉たち、今日は下士官。そのうちの一人から署名入りの写真を受け取る。出征する士官たちはミカドが不在のため、岩倉［具視］氏の謁見を受ける。二人の大尉と、陸軍監督官、二人の少尉を乗せた車の音がとてもうるさい。

［三月］二一日

強い風が吹き、我が家が持ち堪えるかどうか非常に心配になる。暖かい雨。

［三月］二二日

出発に際し、コロネル邸でおかしな顔の奴たちの夕食。昨夜、この近くで火事があった。幸い、布団を数枚焼いただけですんだ。

［三月］二三日

タナイス号船上で夕食。海は行きには荒れ、帰りは素晴らしかった。月曜日に出航する名護屋丸の二〇号室（二九号室の向かい側）の船室を予約。

昼食時、フランス公使館書記補佐官のロックマルティーヌ氏が現れた。ひどい天気。

三月二六日　月曜日

名護屋丸で神戸に向け横浜を出航。(7) 出航間際に九〇〇人の部隊兵士が乗船した。船旅中、海はまあまあだったが、船客は非常に不愉快であった。［満員で］どこにいたらよいかわからず皆が船酔いした。羅針盤を病気の日本の兵士が動かし、方向転換を図った。船中を徘徊することはできず、自分の船室に閉じこもっているしかなかった。二八日朝、神戸に着いた。

三月二八日

市街を見物。ほかの日本の街に似ている。鉄道、水の涸れた運河、不快な天気。船旅は期待外れであった。二〇号室と二九号室の間の空間は日本人でいっぱいだったのだ。「あなたと滝に連れて行ってください」。

中国人と同室で寝ることを拒否し、サロンの真ん中で滅多打ちした日本の士官の喧嘩。お

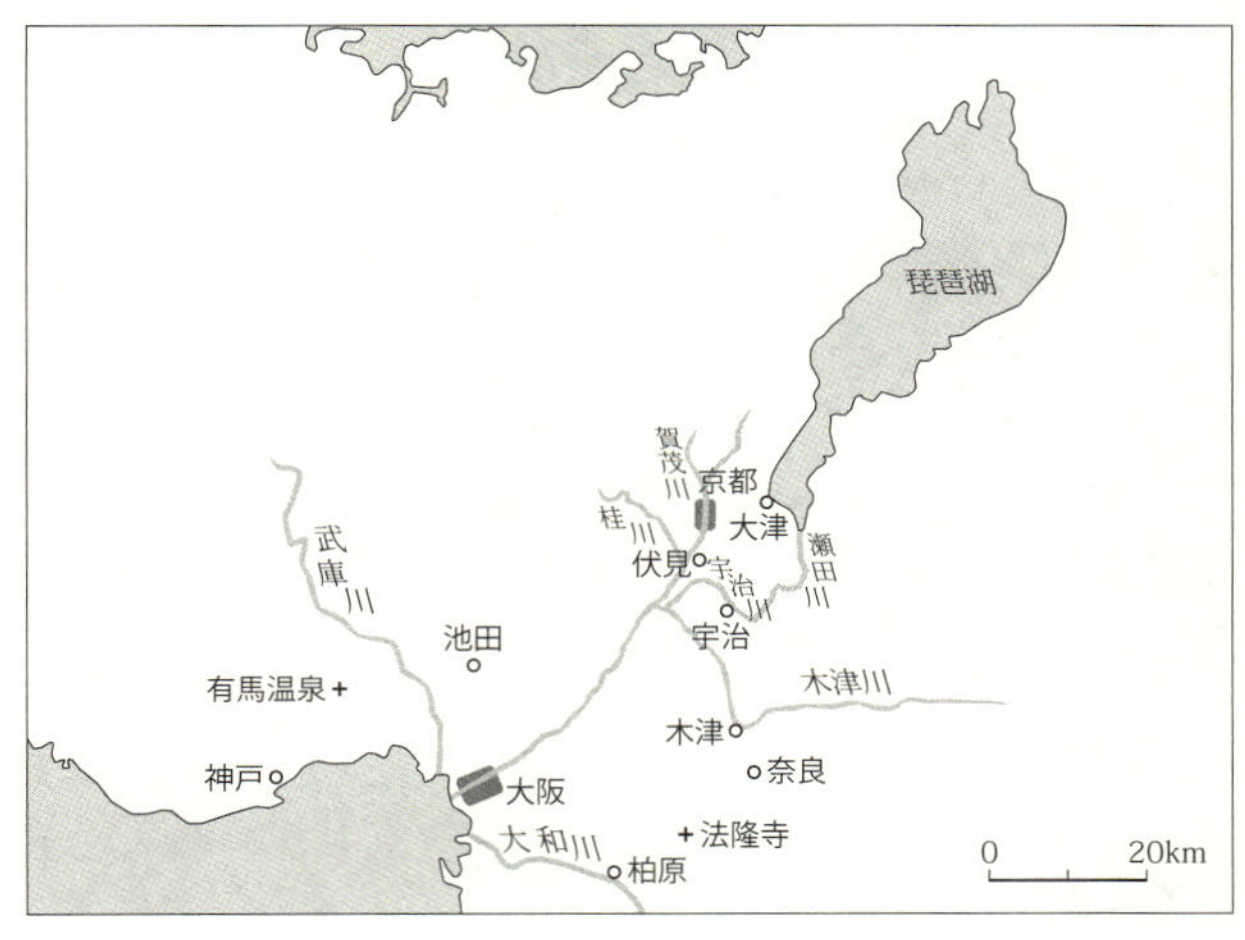

神戸、京都、大阪の旅。

神戸の市中。

布引の女滝。

布引の男滝。

布引からの神戸の眺望。

かしな車。ある車は二輪で男が押しているし、ほかの車は三輪で牛に引かれている。投錨地に鐘の鳴る音。

三時にサンパンで名護屋丸に戻る。そこから、［布引の］滝見物に上陸する。人力車で二〇分。ゆく道は美しいが急な坂道である。女滝：自然と同じくらい人工の手が入っている。少し先に男滝。神戸湾の眺め。この眺めを見ることは予定されていた。

船に戻り、疲れの報いを受ける。バンド三八番地、気持ちのよいベッドと快適な「グリーンホテル」（兵庫ホテル）。

三月二九日　聖木曜日

「グリーンホテル」にたった一日半で一七・五ドルも払う。

有馬への道（神戸天王道）。

有馬。

午前一〇時に有馬に向け出発。距離は七里。道は非常に急であるが、人力車で行ける。渓谷は未開地で幅が狭い。神戸のイギリス領事に追いついた。領事は一行を引き連れて旅行している。樹木のない山、数か所に森。二時半に到着。

廃墟となった寺院の境内を歩く。丘に登ると、そこからの眺めは素晴らしく、東から西に平行して走る山脈を

有馬の滝。

のぞむ。有馬は、日本の村としては建物が整然と、しっかり建てられている。二階家が多く、通りは幅が狭い。勾配が急な渓谷の奥に滝。ミカドが入浴されたという温泉。そこを我々の専用に予約した。お湯は鉄分を含み、汚い。ガスのあぶくのある湯で体を洗いながら、今まで経験したことのない快さを味わう。御茶屋のムスメは品がよくない。布団を敷いて寝る。興味を引く藁や竹で編まれた箱。

三月三〇日

八時に大阪に向け有馬を出発。池田では、おハルさん、おタネさん、おツルさん、おフサさん。

きつい山道、特に村を通過するのは難

しい。しかし、人力車で行ける。まず、主要な谷間、続いて武庫川（むこがわ）の谷を生瀬（なまぜ）まで行く。急な渓流。河床は三倍以上の幅で、石で埋められている。平行して多くの渓流。

山口、貧しい村。

名塩（なしお）、山口より豊かである。和紙を生産。

中山、美しい寺院[8]、とりわけ、二つのきれいなブロンズ製灯籠［鉄製吊灯籠］と素晴らしい眺め。正午に池田に到着[9]。同名の川［？］に面している。大阪までの距離は五里。ひどい天気。

有馬から池田まで七里。池田の御茶屋には、魚の皮（鱗文、鱗形？）やいろいろな写真（ティエール氏、伏見宮、ビスマルク、ドン・カルロス等）を貼った格天井（ごうてんじょう）がある。御茶屋のすぐ近くで時間を知らせる大きな太鼓の音がした。中山の一里手前は米谷（まいたに）、オレンジや椿が地面に植えられていた。昆陽（こや）は大きな村である。

中山から池田まで、三か国語で掲示されたヨーロッパ人の遊歩区域に沿って行く。池田から大阪までは、豊かな平野であるが、単調だ。淀川流域。淀川は京都から流れて来る。吹き飛ばされないように石が積んである橋でこの川を渡った。

大阪の駅に四時に着く。京都に出発[10]。淀川流域は広く、平坦で、とても肥沃（ひよく）である。多くの大きな村。大がかりな土木工事として、横須賀と東京の間で既に見たのと同じ鉄製の桁（けた）の橋があった。夜七時、土砂降りの中、［京都に］到着。荷物を積み込むのにうんざりするほど時間がかかる。京都は東京より古めかしく、より日本的のようだ。紙製の提灯は珍しく、家々は固く閉じられており、時々、反射鏡の明かり。御茶屋「とがの」は駅からかなり遠い。三味線と太鼓の騒音。

三月二一日

大谷の寺(11)［大谷祖廟］。我々の御茶屋［宿］の真向かい。段丘に建てられた古い寺。火葬場のある古くからの墓地。教会のミサのように、鐘を鳴らす葬式。彫刻の施された門。傍らに円山。京都の街の展望。英語の解説付き含鉄温泉。彫刻の施された木造の家。庭にオレンジの木がある。

知恩院。二階建て木造の非常に立派な門。木造の階段で二階に上がる。二階は多彩色の装飾を施した広間。木造彩色の一九体の仏像［中心の三像と羅漢一六体］。その中心には、台座の上に、木造金箔の、ひときわ大きな仏像［釈迦如来］があり、両脇に天使のような合掌像［須達長者と善財童子］が安置されている。

「釣鐘」、鐘は日本で最も大きなもので、高さは少なくとも四メートル、直径三メートル、木造の四角い鐘楼の中心に吊られている。表面にはほとんど彫刻が施されていないが、銘が

八坂神社南門。クレットマンは「祇園通り—とがのや」と記している。

知恩院山門。1619年建設、幅26.60メートル、高さ23.80メートル。

南禅寺山門。1628年建設、幅21.80メートル、高さ22メートル。

西大谷本廟入口。中央の橋は有名なめがね橋（円通橋）を正面から見たもの。

彫られている。鐘まで備え付けの階段で上る。鐘つき棒は通常のように水平に置かれた太い木製の梁のようなものである。伽藍そのものは質素だが、非常に大きい。

南禅寺、松に縁取られた長さ四〇〇メートルの大通りの奥にある。二階建ての山門は前に見たもの［知恩院］と同じ形だが、ずっと見劣りがする。伽藍は老松の美しい林に囲まれている。

黒谷の寺［金戒光明寺］、田園の真っ只中にあり、茶畑の間を縫って走る舗装された大通りから入る。山門は、ここに来る前に見た寺院同様、二階建て、円柱付きであるが、上には上れない。丘の斜面に立派な墓地があり、中央の階段を上ると仏塔に突き当たる。伽藍は下の方にあり、小さいが立派な装飾が施されている。賽銭箱には、信者の名刺［千社札］がたくさん貼り付けられている。

真如堂の寺、二流の寺で、一般的な様式の塔を備えている。西大谷の寺[12]［大谷本廟］の近くの人工の池にかかる眼鏡橋は、写真で見る方が実際よりはるかに強い印象を与える。この寺院は非常に新しいが[13]、美しい木彫の彫刻や石の階段がある。

博覧会が、素晴らしい庭園の古い屋敷で行われていた[14]。多くはつまらないものであるが、なかにいくつか掘り出し物があった。そこで、ド・リヴィエール夫人のため、花瓶を二つ買い、商店で自分用に四つ花瓶を買った。合計一二〇ドル（六〇〇フラン）。

仙洞御所の庭。

清水寺からの京都の眺望。

「八坂の塔」といわれる法観寺の塔。

順化園のようなところの近くで、消防組に出会った。一人ずつ列になり、一番目の消防士は旗を、二番目が鈴をつけた纏を持ち、全員、青と白の縞のズボンをはき、肩に鳶口を抱えている。

竹林の中の大きな墓地を抜けて小道を登ると、清水寺に出る。そこから新たに見る京都の眺めは素晴らしい。赤と白に塗られた門は非常に醜い。

［ママ］カミの寺。非常に広い木造のテラスがあり、そこで日本人の参拝者が祈禱している。このテラスは約四〇メートル下の谷の上に張り出している。近くに、音羽の滝という小さな滝がある。寺から滝まで、とても美しい石段を下りる。一人三両の日本の動物園。阿弥

陀の塔、非常に大きい塔であるが伽藍がない。[15] カメラマンと工芸品漁り。陶器店。

夜会は、四人の芸者[16]と過ごしたが、東京の芸者より優れた点は別にない。ただ、髪を後ろの方に束ね、大きなかんざしをつけた髪形のみが異なっているだけだ。

一八七七年四月

シャルヴェと神戸、京都、奈良、大阪旅行

四月一日

復活祭。午前中は、きのうの陶磁器店で磁器を買う。陶磁器店は工房を見せてくれた。京都府庁(1)［二条城］は、城のように、何階かの「塔」［櫓（やぐら）］のある石垣に取り囲まれている。(2)大君の名が銅で書かれた木彫の美しい門、多彩色の格天井の、金色の「屏風」の広間。格間（ごうま）は、あまり深くなく、四角で、いろいろなものが描かれている。貴賓室にもとてもきれいな格天井がある。床には普通の絨毯が敷かれている。壇の上に高さ二メートルの木彫の鶴がただ一羽置かれている。たくさんの銅製の釘、カーテンリング。現在、空っぽで侘（わび）しい。

北野天神社。石灯籠、満開の桜、御茶屋、仕事の道具、牛のブロンズ像などが乱雑に置かれ、その奥に神道の神社。物凄く幅の広い賽銭箱が中央階段を完全に塞いでしまっている。すぐ近くに平野神社。古く、手入れが行き届いていない寺。仏教の寺［ママ］。白い紙と藁の花綱。寺というより庭園である。

金閣寺、壁に取り囲まれ、古い寺院と池のある庭園。二〜三階の楼閣を多くの日本人の絵描きが写生している。最高の見どころは他にある。船の形に刈り込まれた松［陸舟の松］である。池の人工の島は亀や日本列島を表している。木造のぼろ家は阿弥陀仏に捧げられている。壁の板に多くの金箔の跡が残っているものの、すべてが荒廃している。

もう一つの池。［我々がたてた音で］二羽の雉が飛んでいってしまった。非常に小さな御茶屋。そこから石段を上って池を見下ろす。我々のガイドは抜け目のない「息子」である。すぐ近くに「女子労働者促進協会事務所」!!!

西陣、京都で最も美しい絹織物。狭い小さな通りの奥の小さな家に見かけによらず五台の織機が備えられている。

西本願寺。入口の前に堀があり、石橋で渡る。阿弥陀の名がつけられ、金箔の装飾を施した美しい門［阿弥陀堂門］。木造の列柱が二重にめぐらされ、廊下で繋がれた美しいお堂が二堂［阿弥陀堂と御影堂］。正面入口の前庭に美しい樹木［大銀杏］。すべて、非常にシンプルであるが、豪奢

北野天満宮本殿。

西本願寺飛雲閣。

西本願寺。南向きに進む時の景観。堀川に沿った塀と巨大な門。

東本願寺。

である。

　素晴らしい庭園。それほど広くはないが、手入れがよく行き届いている。東屋の一つには和洋折衷の家具が備え付けられており、非常にきれいな絨毯が敷かれている。ここは、この寺の「公家」、島地さん[3]のものだ。この東屋の続きに、寺の付属建物の中でも素晴らしい豪邸(パレス)[4]、日本で見たもののなかで最も美しい邸宅を見せてもらった。絨毯、障子、木彫、格間、金箔、象嵌(ぞうがん)。ここに僧侶の頭(かしら)、島地氏が住んでいる。

　通りの反対側に、別の寺があり、人足によるとほかの二つの寺院のうち小さい方だという。我々は仰天した。東本願寺、駅の近くの非常に新しい寺である。古い建物は火事で焼けた。[5]ちょうど、約二〇人の僧侶たちが読経を口誦して儀式を行っているのに行き当たった。たくさん

四条大橋と橋の後ろ（写真中央）の南座。

の信者たちがびっしりとまわりにしゃがみこんでいた。すべて、ミサにそっくりである。少なくとも二〇〇〇人の信者がすし詰めになっていて、中に入れなかった。そこで、写真を買い、非常に賑わった通りを通って戻った。多くの芝居小屋、旗、着飾ったムスメたち、などなど。

夜、四条橋近くの芝居小屋(6)に行った。正面の幅二五メートルの小屋で、派手な色の絹地に描かれた絵がかかっている。入るとすぐ、二階桟敷席に案内された。桟敷席の床は汚い畳が敷かれていて、腰掛けと火鉢を提供された。劇場はかなり広く、平土間と桟敷席がある。平土間は二つの長いステップ［花道］で区切られており、その上を照明用蠟燭の芯切り係が非常にうまく歩き回っていた。

観客は満員。椅子は無い。深さ一メートル二

三井寺からの大津の眺望。

○センチの正方形のボックス席。オーケストラ［囃子方］：右側窪みに三味線方二人、太鼓方一人、笛方一人、左壇上に三味線方一人と唄方一人。舞台の幅は広いが奥行きはあまりなく、蠟燭がたくさん灯されている。役者の顔の表情の演技を見せるため、蠟燭を役者の近くに立てている。舞台中央には通りが設えられ、右に遊郭。妻に不意を打たれ、追放令を破った夫の話。散歩道のベンチでの夫婦のシーン。二人の女性の喧嘩。赤と白の大きな幕を引く。入口。舞台監督。男子用便所。客席に道化者。着飾ったきれいなムスメたち。

四月二日

　琵琶湖に遠征。あいにく薄暗い天気。新しい道、とても快い。京都近辺はまだ未完成である。

石山からの琵琶湖の景観。

距離は三里半。ちょうど中間の追分の御茶屋で休憩。大津街道は大津に至る。大津は琵琶湖畔の大きな町で、警察の洋風の建物が数軒ある。石段を上ると三井寺（みいでら）に出る。そこから湖の眺めは美しい。地上望遠鏡。小さな蒸気船。湖の大きさは、長さ一七里、幅は四～七里。兵舎と練兵場。

向かい側に琵琶の富士（三上（みかみ）山）。我々が眺めている湖の水域は北から南に流れている。向かいの湖岸はこちら側より低いようだ。宿屋ハリマ屋。玉子と魚が出たが、すべてまずかった。

湖と山の間のきれいな通りを一時間ほど行くと石山に着く。岩山の上に古い神道［ママ］の寺「石山寺」がある。湖から流れ出る川を見晴台（みはらしだい）から見下ろす。宇治川と瀬田の木橋。瀬田は前通った街道に面した村。非常に美しい眺め。北方は雪

瀬田橋。

を被った比良(ひら)山で遮られている。宇治川は大阪に流れていく。

四月三日

午前一〇時、奈良に向け出発。古い納屋「方広寺」に金箔木造の大仏像(7)。かつてはブロンズ像であったが、火事で焼けてしまった。すべての点で、鎌倉の大仏に劣る。ブロンズ製の鐘(8)と「猿の家族」。近くに、萎(しな)びた古い寺、三十三間堂。金箔の木像の仏像が横に、小さいものを奥にして、九列に並べて安置されている。木製の格子で仕切られていて、すべてを数えるのは難しい。それぞれ三メートル五〇センチの幅の柱間が一四ある内陣が二つ、中央の「本堂」は七柱間、合計三五柱間。

同じ地区に東福寺、古い寺、木造の渡り廊下、

方広寺の大仏殿。

三十三間堂。

東福寺の通天橋。

ブロンズ製工芸品、茶畑、すべてがひどい状態にある。金箔の大仏三尊。中央の仏像の光背には数多くの小さな仏像がついている。(9)

伏見、街道に面した村。丘の上に稲荷神社がある。賽銭箱や呼び鈴の数から想像すると、多くの参詣者が来るようだ。拝殿に御茶屋がくっついている。

街道は、細長い単調な町を通り抜け、宇治川に架かる豊後(ぶんご)橋(10)に行きつく。宇治川は、琵琶湖、石山から流れてくる。橋は新しく、鉄製の欄干がついている。川は約一〇〇メートルの幅で、美しい丘の間を縫って流れている。

いたるところに国旗が掲げられている。ミカドが再度大阪に行幸するのだ。(11)我々は宇治川の左岸を新しく造られた堤防の上を通って上っていく。堤防は、杭、竹、石などで築かれた突堤によって護られている。流れはおおかた南南東から北北西に向かっている。右岸は山が迫っているので堤防の必要はないが、洪水の跡が残っている。宇治までの距離は一里半。

川は、非常に狭い隘路(あいろ)を通って山から流れてくる。渡し舟。魅力的な風景。東京から一二五里、京都から三里。川のほとりのとてもきれいな御茶屋。

おイワさんが三味線を弾き、それに合わせて、我々は太鼓を叩く。近くに平等院がある。金箔の大仏。

対岸には、樅の森の麓に三室戸寺(みむろとじ)。

宇治から宇治新田(しんでん)までは、大阪まで続く谷間の左岸の茶畑の中の一本道。距離は一里。

長池(ながいけ)村。清潔であるが貧しい。すべての家が旗で飾られている。お祭りがあるそうだ。距離、一里半。

玉水(たまみず)村。長池村から一里半。木津(きづ)川に面しているが、この川は、ロワール川のように堤防のある幅の広い川である。そこから二里離れた木津で、長さ二〇〇メートルの橋脚のある橋で木津川を渡る。

二里弱行くと、木津川の支流奈良川〔ママ〕に面した町奈良に出る。奈良川は南から北に流れ、町は谷間の奥に広がる。木津から、道はずっと快適で、山の方に南に曲がる。我々は町はずれの「武蔵野」に泊まった。森は、小川が流れ、赤い小さな神社が点在する。門の前を野生の

春日大社の南門。

鹿がのんびりと徘徊している。かつて、徳川大君から年間一万石の俸禄を受けていたそうだ。旗で飾られた町、赤い提灯。我々の小さな宿からの素晴らしい眺め。

四月四日

すぐ脇で、狐に鶏のローストを食べられてしまった。木製の狐の像は、赤い小屋から我々を眺めている。

我が宿の門の前に石で築かれている土手は鹿の角を売る小屋で囲まれている。

宿屋がある丘に沿って少しばかり散策し、古い寺をたくさん見て廻る。最も大きな寺［東大寺］には鐘と大仏がある。鐘は、京都の［知恩院の］鐘とほぼ同じ大きさだが京都のものより出来が悪い。ブロンズの大仏は巨大で、光背と

東大寺の大仏。

東大寺の鐘楼。

東大寺大仏殿。

背部が金箔木造である。脇侍二体［虚空蔵菩薩、如意輪観音］は木像。たくさんの大きな木造の像。堂の周辺で、武器、衣類、ブロンズ製品、木造の像、壺など日本古美術品の「博覧会」。寺院はかなり荒廃しており、屋根は重すぎて、角が支柱で支えられるはめになってしまっている。(12)

樹木の無い丘に登り、そこから奈良と木津川の流域を眺め、奈良川は存在しないことがわかった。川だと思っていたところは、奈良の南から木津川にかかる橋まで続く一連の小さな池だったのである。奈良は、水の流れを妨げる砂地の丘によって木津川から隔てられているのだ。奈良は長さが少なくとも一里の細長い町である。

丘（三笠山）の頂上に石碑があり、(13)それをデッサンした。しかし、碑文の意味はわからない。ただ、この石碑とほかのものも、ある天皇の皇女の命令で建てられたことだけがわかった。「水石」、普通の石であるが、中に石か水が入っているようで、振って中にあるものの音を聴こうとする。

四月五日

午前九時、大阪に向け出発。我々の宿と奈良の町を隔てる蔓と松の森の鹿。北東から南西に、盆地の底の肥沃な平野を通っていく。小道だが状態の良い道。

興福寺の五重塔。

猿沢の池と興福寺南円堂および三重塔。

大阪府庁舎正面。1874年建設。

橋のある河内[14]［柏原］で昼食。法蔵寺[15]。祭り。休憩。ここから道は山の方に曲がり、あまり高くない峠を通り、流れの早い大和川の左岸を行く。大和川は、河内［柏原］の近くで、橋脚のある、狭く、状態の悪い国豊橋（くにとよばし）で渡った。

河内［柏原］から大阪までは五里。土地はずっと肥沃だが、道の状態は悪く、通りすがりの村は貧しい。［大阪の］町の入口に負傷者。このあたりに野戦病院があるのだろう。町をぶらつく。町には同じ型の家々がかたまって［棟割（むねわ）り長屋］、直角に交差する運河に沿って並んでいる。特に注目すべきものはない。

四月六日

川の流域の下流の方を散策。たくさんのジャンク。不潔な花街（かがい）。ホテル自由亭は駅や府庁舎[16]

大阪の帝国造幣寮。1871年に造られた。クレットマンはここに「金吹場」と注記している。建物は、イギリスのエンジニア、トーマス・ジェイムス・ウォートルスによって設計された。

の近くにある。府庁舎は近代的で、コリント式円柱の上にペディメントがついている。博覧会は、京都と同じようにたいしたものはなかったが、漆器だけは素晴らしいものがあった。日本の鉄砲を撃つローマ人と象に乗るアラブ人の間の戦いを描いた屏風を見た。

午後は、［大阪］城近くの「山中」で工芸品漁りをする。その後、本願寺の近くの絹織物の呉服屋街に行く。二つの寺［本願寺］のうち一つは病院になっていた。もう一つの方は、門の両側に設けられた馬の独房から判断すると、司令部として使われたようだ。寺は両方とも閉まっていた。すっかり夜になってから戻った。

四月七日

大坂城。

中国人の工芸品（ビブロ）商人に朝六時に起こされる。彼は遠慮なく部屋に入ってきて、追い出すのに苦労した。ほかに二人が引き続き入ってきたが、強引に追い出した。

町の端、旧淀川上流左岸〔ママ〕にある帝国造幣寮(17)を訪問。香港製蒸気機関。機械設備の最も大きな部分はロンドンのJワット社のものだ。圧延機、カイユ社製の秤（はかり）、グラフェンスタデン製剪断機（せんだんき）。日本製の機械もいくつかあった。多くの監視人。来訪外国人が書き込む芳名録。硫酸製造所は小さいが設備がよく出来ている。ガラス製蒸留炉。

向かい側の河畔に〔大坂〕城(18)。兵舎に囲まれている。多くの軍隊の予防線。塔〔櫓（やぐら）〕が街に威容を誇っている。正午の時間を知らせるグリボーヴァル・システムの砲架に載せられた日本製の古い大砲。酸製造用の硫黄は薩摩から送られてくる。城内に病院。

夜は、運河に平行した通りの、日本橋の向かい側の芝居小屋「角座（かどざ）」に行く。通りには、マストや旗、人目を惹く看板を掲げた芝居小屋や吉原〔の置屋〕が並んでいる。芝居小屋は京都の劇場と同じような建物だが、もっと大きく、簪や赤い帯をしめたきれいな娘たちがたくさん、平土間の枡席でオレンジをかじり、酒を飲んでいた。警察の桟敷。我々は真昼間に行ったが、夜になると蠟燭を灯し、危うく幕に火をつけるところだった。僧の不運な出来事、四人のサムライが僧の家に入り、儀式を行わせ、木像のカミの首を切り、死刑に処された人の座に置く。舞台上で小使いが妻に殺される。舞台の上では、スポンジにしみこませた血を流して殺人を表現していた。

府庁舎近くのホテル自由亭に戻り、就寝した。府庁舎はドームとペディメントのある建物で、平たく、気取っていて、鉄柵に仕切られたきれいな前庭がついている。

劇場では、回り舞台で舞台装置を変えていた：本屋、夜の庭、ブロンズの門、家の内部、処刑場というように。

四月八日

一日中雨。ヨーロッパ街［外国人居留地］（松島）(19)を少しばかり散策。

四月九日

神戸に向け出発。西京丸に乗船。船上で夕食と就寝。静かな夜。

四月一〇日

海が荒れる。出航は今夜零時まで見送られた。医者のラクロワ氏と見習い士官のキュイアン氏はタリスマン号に乗り換える。

四月一一・一二日

航海は何も事故は無かったが、尾張湾のあたりはきつかった。横浜には、一二日、木曜日、午前一〇時に到着。投錨地に、フランスの郵船と同時に入港。着くや否や東京に駆けつけ（マンザレ号で昼食）、夜、ロンプレとオルセル大尉を見送りに横浜に戻る。コロネルとデュ・ブスケ大尉と一緒に最終列車で帰る。

四月一三日

朝、地震があった。士官学校は空っぽ。生徒は全員出征したのだ。何もニュースは無い。状況は芳しくないと思わなければならない。二人の生徒、山根と秋元[20]は負傷し、一人、山田（?）が戦死した。地雷の試験。

四月一四・一五・一六日

士官学校は空っぽで、何もすることがない[21]。鼻風邪。

四月一七日

午前四時に日本橋の方で大火事があった。夜は上野でお祭り騒ぎ。プロデューサーはフェ伯爵。ロシア大使館員ローゼン男爵[22]からの招待。乗馬で公園を一周した後、公式ディナー[……]。テーブルは四つあり、第一のテーブルにはハリー・パークス卿、ビンガム氏、岩倉氏とその令嬢。二番目はド・ストゥルーヴ殿下とベルギー公使ド・グロート氏。三番目にはドイツ公使。四番目のテーブルにはフェ伯爵とフランス公使。フランスの国旗は掲げられておらず、オーストリアの旗は二つ、ベルギーは巨大な旗を掲げているのが注目された。マンジョ氏とベルソン氏[23]による手品などで散会となった。雨の中、人力車で帰宅する。

四月二〇日

午前二時頃、[新橋]駅の方で火事。眠れない。

四月二一日

四月二七日

フランスの新公使、ド・ジョフロワ氏が来日。ヨーロッパにおける戦争が公けになったので、コロネルは、何か事件が起こった場合は、電報で使節団を召集するよう要請した。夜、凄まじい突風、幸い、火事はなかった。

四月二八日

コロネル邸でモントゥロ氏(26)を迎えてのレセプション。好天の夜。日本橋方面でいつものように火事。

四月二九日

日曜日。夜一〇時頃、昨夜と同じ方面でまた火事が起こる。二四時間、落ち着いて過ごすことができない。誰かが放火したに違いない。

四月三〇日

例によって、夜一〇時に火事。新宿方面の遠方なので、邪魔をされたとぶつくさ文句を言いながら戻った。

［一八七七年］五月・六月・七月

ガロパン中尉の来日／日本の二人の士官を招待／伝統的な祭り

五月二日

お決まりの今晩の火事は、品川方面で九時に起こった。

五月三日

「コリント」へ遠征。昨夜の火事は［東京］湾の向こう側で、横浜より更に向こうであった。ワインのケースを受け取るための通関手続き。

五月四日

京都の僧たちの来訪。ぐっすり眠る。朝、新宿の方で火事。

五月六日

新任のフランス公使ド・ジョフロワ氏に紹介される。横浜で礼装。タナイス号で夕食。公使着任のための前檣（ぜんしょう）に掲げた旗をめぐる件［?］。多分、江戸にフランス公使館ができるだろう。

五月九日

明日、マンザレ号で到着予定のガロパンを出迎えに横浜に行く。ブランシー兄弟社の請求書が届く。

五月一一日

ジュールダン大尉とペルセル大尉が西京（さいきょう）丸で出発。北京、シベリア経由。

五月一六日

横浜の競馬の第一日目。今年は行かなくてすんだ。

五月一七日

夕食後、ガロパンと東海道を散策。帰りに、日本橋でそれぞれの方向に向かい、人力車に乗った。別れるや否や、橋の左側の通りで、右の車輪が土の塊（かたまり）にぶつかり、車がひっくり返った。左の車輪は私の脚の上を通った。後のクルマはこの騒ぎに乗じて逃げ出した。足を引きずって橋まで戻り、別の車に乗らなければならなかった。ほかの道を通り、なにごともなく戻ったが、左脚のあちこちが痛い。

五月二二日

皇太后が、護衛隊二隊に伴われて京都から戻った。[1] 金色の御召し物を召され、髪は乱れていた。ミカドの生母[2]は正室ではなく（メカケ）、日比谷練兵場の端の質素な「ヤシキ」にお住まいである。ド・モントゥロ氏と二輪馬車で王子に遠征。製紙工場を見下ろす丘の上から、石というより土器（かわらけ）の皿を投げるというオリジナルな遊び。

五月二三日

コロネル邸でガロパンを迎えての公式の歓迎昼食会。食事が終わり、コーヒーを飲んでいる時、フランス公使、エヴラール神父[3]、ゲリノー氏が訪れて来た。話が非常にはずみ、いろいろな話題に飛んだ。夜、乗馬で散策したが、ミトの練兵場と城壁の間も通りが通行止めになっていた。爆弾製造用の工場を設けたのである。政府によって駆り出されたロシアの船が昨日神戸に予備大隊を運んだ。

五月二四日

芝離宮で公式ディナー。陸軍卿代理井田少将[4]がホスト役を務めたが、非常によくその任務を果たしていた。音楽がなかったが、かなり活気づいていた。昨年のディナーよりサービスは劣っていた。今回は庭園を見て廻ったが、非常にきれいな庭だ。特に藤の花が素晴らしい。芝界隈（かいわい）の花祭りを見て、帰途につく。

五月二五日

天神社で花祭り。少し遅く着き、ガロパンと私は、安物の簪を若い女性の髪に挿すというオリジナルな遊びを創り出した。なかにはこの贈り物を真面目に受け取り、厳粛な調子でお礼を言う者もいた。

五月二七日

おカメさん、おマサさんと写真撮影を試みたが失敗した。

五月二八日

風が吹いていたが、写真撮影は成功し、その後、みんなで食事をした。化粧用スティックが役に立っている。おマサさんは、縮れた髪があるともう文句を言わない。

今夜はブーグアンの家で夕食。日本人が我々につけているあだ名が暴露され、興味をそそられた。コロネルは「お祖母さん」、ペルセルは「赤茄子」、ブーグアンは「鳶口」または「鴨（水かきのついた足）」、私は「鹿の目」または「シカセン」（非常に大きい［ママ］）、ビエは「兎」、デュクロ(5)は「ナマズ」。ほかの人はあだ名がまだついていないか、既に消えてしまっている。

五月三〇日

日本の士官サカイ氏、岩下氏と夕食。夜、牛込方面で火事。イギリス公使館で舞踏会。招待されたが行かないので危惧することはない。我が家の二階から一瞥するに止(とど)めた。

五月三一日

マンザレ号船上で出航前日のディナー。意外に高い食事代。我々がいるところから一〇〇メートル先にアタラント艦。食事中に音楽を演奏をしている。オーディセス号のイギリス人は拍手する。エリザベス号のドイツ人は何も言わない。アタラント艦は二等巡洋艦で、口径一九センチ砲用砲車六両と口径一二センチ砲用野戦砲車六両を装備している。アメリカとドイツの古いおんぼろ艦の横にこの戦艦を眺めて嬉しくなった。

一三〇番地でうまくいかなかった。九番地でおタエさん。

六月二日

フランス公使のオークション。貧弱なもの。家の近くで祭りをしている。通りは、拡げられた傘の骨のようなものが紅白の紙で飾られ、その上に提灯をつけて飾られている。これらの傘は皆、風に乗ってグルグル廻っている。

六月四日

エリザベス艦のドイツ人の水夫が犯したアタラント艦の水夫に対する不意打ち。アタラント艦の水夫二名が殺され、二名が負傷し、そのほかにも被害があった。ドイツの船は明日、長崎に出航する予定であったが、ヴェロン海軍大将が捜査のため横浜に留まっている。数日前、オーディセス号とハイダマク号との間で大喧嘩があった。

六月五日

今晩非常に遅く、明朝、式服を着て、殺された水夫の埋葬に立ち会うようにと呼び出しがあった。

六月六日

早朝、横浜に行く。葬式はカトリックの教会で行われた。出席者は、フランス公使、エリザベス号の艦長と士官一人。ヴェロン海軍大将はそれ以上の［フランス人以外の］出席者を望まなかった。ロシア人とイギリス人も外された。出席者がフランス人だけというのはよかった。夜、アタラント艦を訪問して、非常によい印象を受けた。

六月九日

我が家の通りの魚屋とその家族を喜ばせた。桶の下にネズミが隠れていると教えたのだ。帯を桶のまわりに巻き付け、桶の支えを取りはずして、ネズミを押しつぶし、周囲の人たちの爆笑のうちに取り出したのだ。そのすぐ後、特徴のあるおへそ丸出しの裸の子供がうっかりして水の入った桶を私の脚に投げつけた。両親はぺこぺこ謝った。

六月一一日

ひどい天気。風、雨。共同食堂から我が家に帰るのがとても大変だった。我が家では家中が揺れていて、暑いのにすべて入口や窓を閉めなければならなかった。船上よりもひどい状態だった。

六月一二日

夕食中、小さな甲虫（こうちゅう）［テントウムシやコガネムシの類］がたくさん襲来し、コップや皿の中に落ちてきた。そこで我々は食堂から退去させられた。

六月一三日

アメリカとドイツで四年間修業した日本人の歯医者に行き、たった一両で、一本の虫歯に非常にきれいにアマルガムを充塡し治してもらった。横浜だったら、同じ治療に一〇ピアストル要求されるだろう。

ここ一週間、むっとする暑さ。

六月二四日　日曜日

レニエ艦長、アタラント艦の士官二人と夕食をとる。メコン号の沈没[6]のニュースを聞く。今のところ、まだ確かではない。また、国立パリ割引銀行[7]が横浜支店を閉め、上海に移ることも知る。

六月二五日

メコン号がガルダフィの近くで遭難、ロシア軍が、ガラツィ［ルーマニア］の近くでドナウ川を渡ったニュースを受け取る。

国立パリ割引銀行の横浜支店が閉鎖。

六月二六日

横浜に仕事で出かける。帰途、駅の近くで、ちょっとしたはずみで（?）五人の乗客と人力車二台が地上に倒れた。

六月二七日

我が家の庭で非常に大きなヒキガエルを捕まえる。二週間前から二度目の出来事。家の使用人は、このヒキガエルを外に放つのを拒否し、家の中にそっと置いている。ヒキガエルは火事から守り、蚊を吸いこんで食べるので、このようなものが家にいることは幸いなことだという。そこで、これを家から追い出すことができない。

六月三〇日

馬の補充（馬政局）から、ド・ジョフロワ公使の車で帰る。

七月三日

ヴィエイヤール大尉から手紙を受け取る。錦光山（きんこうざん）[8]からの小包。

七月一〇日［ママ］

コロネルから［陸軍］大臣と［セレ・］ド・リヴィエール将軍[9]宛の手紙。

七月六日

九段で花火。おカメさんの家の屋根から眺める。祭りの場を散策。二〇スーで団扇（うちわ）を買う。暗い夜、帰宅する。

七月八日

乗馬で目黒に行く。緑のきれいな小さな谷間。小さな寺々。竜の頭のついた貯水槽。私のムスメと一緒にぜひまた来たい御茶屋。

七月九日

アタラント艦で公式ディナー。軍事顧問団からただ一人だけ招待される。デュ・ブスケ大尉、イタリアのコルベット艦クリストフォロ・コロンボ艦艦長、タリスマン号艦長など。甲板で音楽の演奏。士官用艦載小艇で戻る。

七月一五日

錦光山に支払いをする。川開き(10)。昨夜、花火を買っておいた。昨年同様、舟を雇う。赤と緑のラマールの打ち上げ花火が好評。ほかの舟との接近。素晴らしい宵(よい)のまつり。

七月一六日

芝の近くにささやかな夜の祭りを見に行く。

七月一九日

上野の方に乗馬で行く。それまで知らなかった、独特な界隈を発見。今夜は祭り。いろいろな色が帯状に彩っている提灯、家々の前には、それぞれ、両面に絵が描かれた祭壇のようなものが置かれている。その一面には皆同じようにムスメが描かれている。

七月二〇日

家々は白い紙をつけた藁の綱で飾られている。概説に書かれているように、決められたルールに沿った「マツリ」だと思ったが、夜、外出しても、別に特別なものはなかった。ただ「ミズヤ」だけが出ていた。

七月二一日

麹町で山王祭り。昨年と同じく、規則に則った提灯が架けられている。数軒の家には、赤の布を張った壇があり、そこには跪いたり騎乗したりのカミの御影(みえい)が描かれている。

七月二二日

トヤマでクレーピジョン射撃。祭りは夜も続いたが、日中には太鼓と笛が力強く響いていた。

七月二三日

宵にかけて、麴町の大通りを散策。八〇人から一〇〇人の人足が赤、白、黄色の着物を着て、黄色の紐をつけて、山王様の神輿を担ぎ、練り歩く。ほかの人たちは白い服装に公家の帽子［烏帽子（えぼし）］を被り、太鼓を叩き、扇子を振り回し、白木で歩調を整えている。提灯、祭りの晴れ着を着た群衆。このような珍しいものは久しく目にしていない。夜は、いつものように悪ふざけをしながら祭りの中を散策した。今夜は、紙製の提灯と藁で作られた音を奏でるヒキガエルが最も好評であった。「ミズヤ」で氷水を飲み、満喫して帰宅した。

七月二四日

祭りはなお続く。夕食に行きがてら、神輿にまた出会った。群衆は小さな寺をめがけて、やみくもに賽銭と米を投げつけていた。黒い帽子を被り、緑の服装をした人たちが神輿のため人波を掻き分けていた。夜はイルミネーション。とても静かであった。紅白の大きな提灯が数個、病院の裏で子供たちによって灯が点された。

七月二五日

天神様の月例祭。散策といつもの悪ふざけ。客引きの試み。朝、見たことのない髪形に出会う。大きなオマールの頭を帽子に使っているのだ。

七月二六・二七日

風と雨の二日間。横浜では、この暴風雨を台風と見做している。

七月二八日

嵐は一晩中続き、朝方、やっと静かになった。向かい側の隣人に通訳をして缶詰を買うのを手伝った。

七月三〇日

反乱が起こって以来、京都に巡幸していたミカドとその御供たちの還幸[11]。

七月三一日

いつもの雷雨。当地ではめずらしく、風がない。

一八七七年八月

シャルヴェ、ブーグアン、ガロパン、エイルブロネと日光、浅間山に旅行

八月一・二日

同じく雷雨。

八月五日

今晩古河（こが）で宿泊する予定で朝六時に出発。①耕作された土地、平坦で単調である。幸手（さって）で昼食。東京から一二里。幸手から栗橋まで猛暑の中、クルマで二時間行く。栗橋では、渡しで江戸川［ママ］を渡る。その先は、日光まで続く松［杉］並木の大街道。②古河（栗橋から約二里）で水浴。子供たちのグループの目から逃れるため、対岸に渡る。向かい側からジロジロ見られる。今度ここへ来た時は、川の近くの御茶屋に行くがよい。海の近くではない（サンノ川）。

夜、通りには何もない。二つの提灯の間で男の子が嘔吐していた。これほど多くの革砥（かわと）と裸体を見たことがない。東京よりもずっと多い。人前に出せるのは二〜三人。そのうちの一

人は川の近くで行水(ぎょうずい)をしていた。

八月六日

古河から宇都宮まで一二里。松並木、平坦で単調。村の数は少なく、あっても貧しくみすぼらしい。ずっと、悪臭の肉が並ぶ。一人の女性が子供の頭の上で自分の乳を搾(しぼ)っていた。宇都宮。平野の中。大通りが西から東に走っている。長々と伸びた町。二つの寺と大通りに直角に走る通り。大通りには慈善事業の施設［旅籠屋(はたごや)？］が並んでいる。石の屋根の倉(ゴドン)。

東京と宇都宮の海抜の差は約一七〇〇メートル、宇都宮から徳次郎(とくじろう)の差は八〇メートル、徳次郎と日光の差は五〇〇メートル。松並木は日光まで続くが、最後の四里以外はほとんど平らである。同じ株から六～八本生えた素晴らしい木々。道は渓流の河床に作られたように見える。水が車道の両側、並木との間を流れている。宇都宮から日光までは九里。六時に出発し、正午に到着した。[3]

八月七日

板橋、今市。

スズキホテルは満員。同じ通りの二階家に宿泊。午後は徒歩で裏見(うらみ)の滝まで行く。谷間は

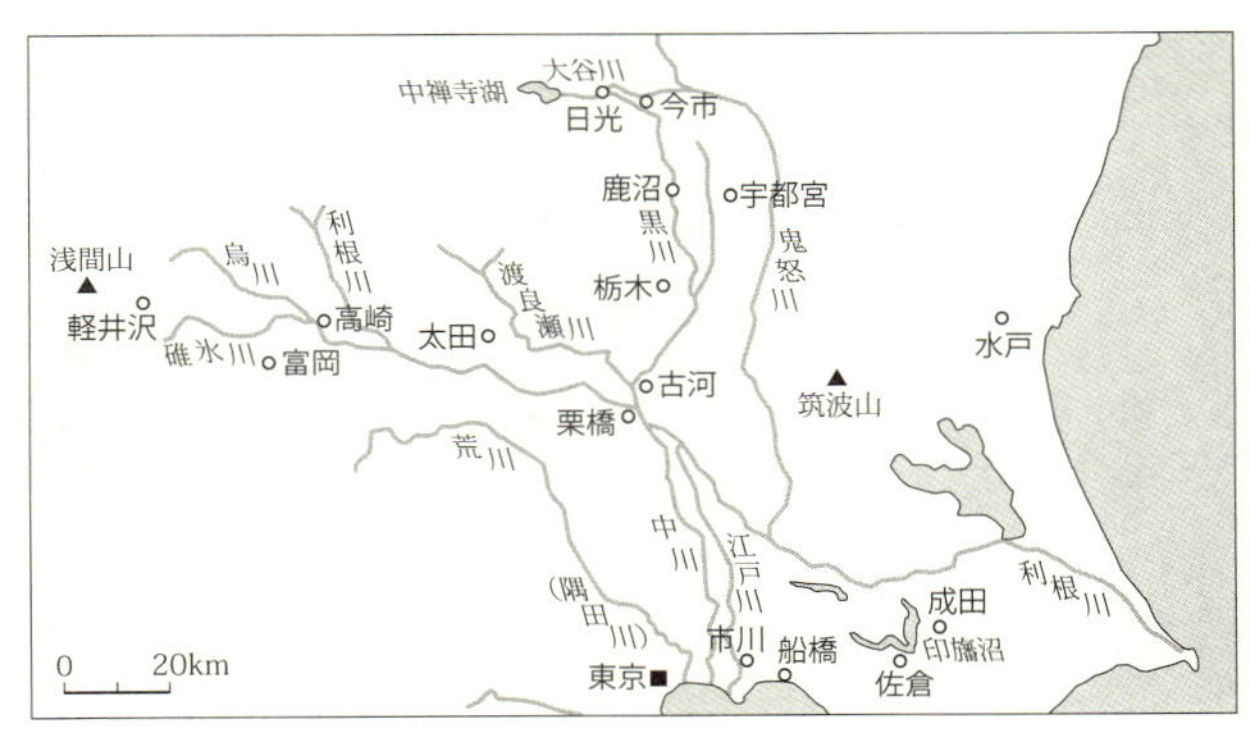

日光と浅間の旅。

宇都宮眺望。

裏見の滝下流の荒沢川。

西から東に向かっている。二つの橋を経て町を出る。橋の一つ［神橋］はミカド専用で閉められていた。この橋は、曲線の大梁が二本の石造橋脚に架けられている。もう一方の橋［仮橋］は一般用で刎ね橋構法により架橋されている。この橋を渡りすぐ左に曲がり、かつて日光の村があった跡を通る。この村は二年前の春、近くの森の火事の延焼で焼けてしまった。たくさんの黒焦げになった壁や段々、戸、梁が残っている。再建された部分に、養蚕の箱の製造者の家が一軒あった。野性的な渓流の左岸を行く。この道は中禅寺道であり、迷ってしまった。聾やバカな巡礼者たちに道を尋ねたが無駄だった。赤い鼻の老人に会い、出発点に引き戻された。そこから二時間、骨の折れる登山道で、特に最後の五町はきつかった。あちらこちらに、火事によって起こった地すべりの急斜面があり、そこを崩れ落ちそうな板の上を通って渡った。しかし、滝を目の前に見ると、こうした苦労は報われた。岩に沿って、四〇メートルの深さまで水が円柱の形をして落下してくる。その底までは近寄れない。滝の高さ半分ぐらいの位置に桶の形にえぐられた通路があり、滝はその前を通って落ちてくる。そこで、その通路に行き、滝の落下を目の前に［滝の裏側から］見ることができる。[4] しかし、我々が履いていた靴では、そこまで行ってみるのは危険であった。野性的で圧倒的な風景（荒沢川）。

夜には、白い服装の僧と巡礼者の行列。ある者は白黒の紙の帽子を被り、赤い玉をつけた旗を持ち、ラッパを吹き、木製の小さな寺［ミニチュアの仏壇？］を持っていた。一晩中、遠くから僧侶の歌声が聞こえた。七滝(ななたき)はすぐ近くにあるが、見に行けなかった。

八月八日

午前中、日光の大きな寺（権現様）［東照宮］を見に行く。スズキホテルの前を通る道で入場券を買う（三三銭五厘）。寺は大谷川(だいやがわ)の橋の向こう。まず階段を上る。日光の宮様の宮殿の焼けた場所。現在建設中。[5] 大黒天の航海遭難除けのお札(ふだ)。[6] 紙きれにカミの御影が描かれ、僧侶の判が押してある。値段三銭。もう少し先に、無病息災のための同じような護符があった（大君の名入りの丸い菓子）。門、相輪塔(そうりんとう)、[7] 階段はいろいろな大名から寄進されたものである。寺は今まで見たもののなかで最も豪華である。京都の寺々より地の利は悪く、

日光陽明門の背面。

日光の相輪塔。この柱は、1643年、三代将軍家光の命により、天海僧正によって、京都近辺比叡山延暦寺のそれを模して建てられた。

日光東照宮の唐門と拝殿。

三代将軍家光（大猷院）の霊廟の二天門。

こぢんまりしているが、豪華さは驚くほど見事だ。木や石に彫られた彫刻、多彩色の格天井、ブロンズ製扉、青銅の細工、一八七六年にミカドが就寝した部屋や大僧正の寝室には中国の鳳凰などがマルケトリで施された木製の鏡板がある（ミカドは洋服を召して、日本式に丸くなって休んだという）。

家康の博物館。行列の道具。墓所は苔むした古い階段を上って行く。家康の息子〔ママ〕家光の寺（大猷院）、居所、墓所。金色と絵画で飾られ、驚くべき豪華さ。

これらの寺々は、素晴らしい松林に囲まれている。絶えず、靴、杖、帽子を脱がなければならない。一六歳の子供のいる小柄な僧侶。その扇。「真実しか美しいものはない……」[8]。

村は実際には日光という名ではない。この名前は徳川時代からである。ほんとうの名は鉢石。中央に小川が流れる細長い通り。この通りは、まず東から西に向かう勾配にあり、その後、南から北に延び、大谷川の両岸に行きつく。

午後は本宮[9]を訪れる。大谷川の向こう、橋を渡って、右手にある。この寺は奇跡（石によって止められた雲）を記憶に留めるために創られた。近くには、火事を止めるという金剛童子を祀る寺がある。山のこのあたりには、大君失脚後、没落した大名の屋敷の廃墟が数多くある。雑草に覆われた敷石の通り。安産を守る「産の宮」には、きれいな小さな洞窟の中にカミの彫像がある。少し先には徳川［家康］の馬の墓。「手掛け石」は手の病気を治す石。

「飯盛杉（いいもりすぎ）」は松の大木で、六〇〇年前に大比丘尼（びくに）がこの場所の地面を叩くと独りでに生えてきた木だという。

素麺滝（そうめんたき）［別名、白糸滝］は非常に野性的な場所にある滝。まわりに薪（たきぎ）が散らばっている。増水によって半分壊れかけた橋を通って渓流を渡る。右手の小さなお堂の近くの階段を登る。少し登りつめたところに緑に彩色された風神と赤く塗られた雷神を祀った寺がある。山王様の小さな祠。三面大黒天。

「女の神様の寺」［滝尾（たきのお）神社］、タミ様、日光の公家［大己貴命（おおなむちのみこと）］の奥方［田心姫命（たごりひめのみこと）］。寺の傍らにこの夫人の鉄製の墓。三本の大木［御神木三本杉］は倒れた古木の代わりに植えられたもの。古木の一本は倒れたまま地面に残り、若木が生えている。もう一本は腐ってしまっている。「泉の池」「酒の泉」の水は、酒に加えると味が良くなるという。かつては混じり気のない酒が湧き出ていたそうだが、木挽（こびき）が全部飲んでしまった。「子種石（こだねいし）」は、不妊症の女性がその前で祈ると子供を授かるという聖なる石。我々がこの話に驚くと日本人は眉をひそめていた。

足の病気を治す役行者（えんのぎょうじゃ）の堂。草履が奉納されているが、木挽がこれを盗んでしまう。賽銭も盗む。ここから、素朴な階段で男体山（なんたいさん）の寺［二荒山（ふたらさん）神社］まで降りる。「男の神」［大己貴命］の寺である。日光の公家の奥方がブロンズ製灯籠を奉納したが、この灯籠に刀傷が多く

素麵滝。

素麵滝上流。

残っている。狐が灯籠の油を飲みに来ていたのだ。ある晩、サムライたちが灯籠を泥棒と見做し、刀で切りつけた。中にいた狐は僧侶の姿で外に出てきた。御水屋の向かい側に寺が二堂ある。そこには私は一人で行ったが、彩色された小さな仏像で埋められていた。この二堂は常行堂（じょうぎょうどう）と法華堂（ほっけどう）。

少し山を登ったところに、かつての日光の座主（ざす）であった門跡の墓所の近くに慈眼（じげん）大師の墓所がある。別にたいしたものはない。風景はどこもすばらしい。峡谷、岩山、樹木。大きな石像を囲んで、神輿を担ぐ人たちのように六体の石像が並んでいる。

帰り道、日本の寺で道に迷った二人のカトリックの神父に出会った。このような服装をした人はどちらの国の人でしょうかと尋ねられた。法華堂の向かいの水屋で、「ヨゼフはポテパル（ポティファル）にコートを残した[10]」。

八月九日

徒歩で中禅寺湖まで登る[11]。推定距離は三里であるが、実際にはもっとある。登山道はひどいものである。

大日堂（だいにちどう）。大谷川の左岸にこの寺の庭園がある。大谷川に沿って、観音堂のある清滝村の先の深沢（みさわ）橋まで登る。

日光の大日堂。

方等滝。

般若滝。

ゴサカ村［細尾？］は汚く、みじめな村である。山の麓に馬返村（村の名の意味は、馬を引き返させる[12]）。その後、登山道は渓流の川床を通る。緑がかった水。多くの岩山。水の流れは非常に速い。水泡は、渓流に架かる粗朶の柴橋の上まで打ち上げる。樹木の生い茂る切り立った山々、そそり立つ岩壁。

深沢。二つの川の合流地点に御茶屋。ここから登山道は階段となる。剣ヶ峰の御茶屋から大谷川と深沢川の渓谷の眺望。大谷川の渓谷には阿含滝、深沢川の谷には深沢川に落ちる方等滝と小さな支流に落ちる般若滝が眺められる。

階段状の道は二キロメートル続いた。中茶屋の水屋には大きな岩の上に小さな石灯籠があった。また新たにいろいろな渓谷の眺望。そこから階段状の登山道を登ると水屋（不動坂の水屋）のある峠に出る。素晴らしい眺め。峠から湖までは森の中の綺麗な山道である。この道を三〜四〇〇メートル行くと華厳滝に辿り着く。ここまで見た景色で最も美しい景観である。滝の落差は少なくとも六〇メートル（公式には七五〇尺、つまり二二五メートル）。滝壺を見るのは非常に難しい。噴き出してくる水がただ一筋となって水しぶきの雲でいっぱいの狭い凹地に落下しているのだ。滝の正面近くの、手すりで囲まれたあまりしっかりしていない小さな出っ張り［見晴らし台］まで行ってみた。目が回った。岩山、急斜面、この川はまたもや大谷川である。

中禅寺湖。

数百メートル進むと中禅寺村に入る。湖畔の小さな村。湖［中禅寺湖］から流れ出る水は大谷川となる。湖は緑の山々に囲まれて美しく水を湛えている。まわりの山々の最高峰は男体山、湖面から少なくとも五〇〇メートルの高さ。中禅寺村の向かい側、大谷川への流出口の近くで、湖の幅は約一キロメートルであり、東から西に向かっている。その長さの距離は、最長のところで三里である。

中禅寺村は、権現様の寺［二荒山神社中宮祠］のあるきれいな村。この時節は巡礼者で溢れている。道は巡礼者で埋まり、あらゆる年齢の子供たちがいる。日光は巡礼者でいっぱいだ。中禅寺村では巡礼者を迎えるため、簡易宿泊施設を建てている。貸し布団屋。

標高（海抜）は、日光の橋、七五〇メートル。

不動坂峠、一四九〇（一五〇〇）メートル。中茶屋、一二五〇メートル。中禅寺湖、一四五〇メートル。剣ヶ峰、一一八〇メートル。深沢川合流地、一〇九〇メートル。

八月一〇日

雨天。休養[13]。昨日書き忘れたが、中禅寺村の巡礼者たちは湖に入浴し、寺［二荒山神社］の方を向き、二度飛び跳ねる合間に祈禱していた。

霧降滝。

八月一一日

午前中は鉢石（はついし）を見下ろす約三〇〇メートルの高さの天王山（てんのうやま）に登る。大谷川と鬼怒（きぬ）川（宇都宮を流れる川）の渓谷の眺望。草が濡れていて、登山道はきつかった。南西の方角。

午後は霧降滝（きりふりたき）へ行く。鉢石から北西〔ママ〕二里のところにある。美しいが華厳滝より威厳がない。容易（たやす）い道であったが、滝の下まで降りるのは大変だった。渓流の川底は干上がり、傾斜が急だった。岩は落下地点にしかない。滝の下に綺麗な池があり、鱒（ます）を釣っていた。ガイドならシンキチに頼むとよい。

八月一二日

鉢石から鹿沼（かぬま）まで七里。七時に出発し、一〇時半に到着。今市（いまいち）まで下る。村を出る近くで街道は西に曲がった。森に縁取られた楽な道。徒歩や乗馬の巡礼者の一行。今市から半里行くと、みすぼらしく、南から北に向かった村、板橋に着く。さらに一里先に、二番目の村、文挟（ふばさみ）。鹿沼は黒川に面した大きな村。小さな木橋の御成橋（おなりばし）で川を渡る。中央に小川が流れる広い通り、宗教的建造物数軒。

鹿沼から栃木、五里半。松並木が断続的に続く。奈佐原（なさはら）は惨めな小村。楡木（にれぎ）も同様。この村を出ると、松並木の街道を左におき、右側の道を西に向かって行く。道は結構快適で、数キロメートル、山の裾に沿って行く。

小倉川は石ころだらけの渓流で、石と竹で作られた堤防がある。このあたりの川幅は約二〇メートルで、非常に深い。渡し舟で渡る。

金崎（かなさき）は、状態のよくない屋根の、みすぼらしい家々の他は、特にめぼしいものがない村である。合戦場(かっせんば)は小さいが魅力的な村。すべての家に慈善的な施設［風呂場？］がある。実際、この時間に入浴する婦人たち、庭、橋、その他。

栃木は大きな町。幅が広く、真っ直ぐの通り。いろいろな形の倉。御茶屋吉田屋では三菱の社員と見做される。

日光と鹿沼の標高差は三六〇メートル。

八月一三日

人足や、風呂、姐さん、夜回り、あらん限りの力を出して戸を開けたり閉めたりしようとする人々などの音がうるさくてよく眠れなかった。日光と栃木の海抜の差は五〇〇メートル。

栃木から太田、一一里。道は山裾に沿い、容易いが単調だ。天明(てんみょう)[14]まで平坦で、その先は起伏のある地方である。村々は、概して、倒れ掛かった危(あぶ)な気(げ)な家々が並び、例外として大きな農家が数軒あった。どこの家にも絹や木綿の織機がある。桑の植林地。蚕と繰糸(そうし)機。

天明、オバチ川［秋山川］に面した大きな村。左岸に佐野新町(あらまち)。多くの女子寄宿学校。それらは最も立派な家。右岸に小さな橋。そして大きな魚を放つ水槽のある御茶屋。

富田(とみだ)。天明の手前。病院施設のある大きな村。他の村は小集落で、大したものではない。

渡良瀬川(わたらせがわ)右岸の小さな村梁田(やなだ)で昼食。渡良瀬川は川幅四〇メートル、渡し舟で渡る。川べりは砂地であり、深さはところによりまちまちである。まあまあの御茶屋。食卓は無く、馬の飼い葉桶を代用した。御茶屋の各部屋には蚕のボール箱がぶら下がっていた。

栃木から梁田は五里（？）、梁田から太田まで？、いずれにしても合わせて一一里である。単調な道筋。むっとする暑さに、にわか雨。どこの村にも御茶屋より立派な寄宿学校がある。特に、梁田と富田。富田は大きな清潔な村である。通りは幅が広く、木々に縁取られている。

太田はこのような魅力に欠ける。大きな村で、立派な倉がいくつかあるが、御茶屋はかなり粗末である。村の人々は通りで我々についてきて、子供たちは金山の頂上まで同伴してくれた。金山は小さな山で、東京の平野［関東平野］に対し、岬のように突き出ている。山頂には八幡神社がある。平野の眺望。

八月一四日

太田から玉村（たまむら）、七里。状態の良い道。しかし雨で水浸しとなっていた。川、小さな森、小川、小さな集落。

太田から木崎は二里半。木崎は大きな村で、通りも幅が広く、多くの医療施設がある。通りに沿って歪んだ松。

境の村には何もない。そこから二里行ったところに芝。この村の家々の間には間隔がある。

多くの庭、桑の木と絹［蚕？］がどこの家にもある。村は長さ一里の距離。少し先に利根川の渡し場。この川は東京を通っている。ここでは、流れが非常に速く、砂州（さす）がある。河床の幅は少なくとも三〇〇メートル。小舟で渡ったが、二組に別れなければならなかった。まずは荷物を渡す。

そこから一里のところに小さな村、五料（ごりょう）、それを左に置いて進むと玉村。清潔な大きな村である。境と芝の間には、小さいが深く、流れの速い支流広瀬川がある。川幅約二〇メートルで、草原（くさはら）を流れている。道は水田の畔（あぜ）と川の間を走っており、ところどころ柔らかい砂地の危険な箇所がある。

芝の渡し場は海抜二四〇メートル。栃木と高崎の海抜の差は一〇〇メートル。

玉村から高崎は三里。平らな道。村は一つだけ、倉賀野（くらがの）という大きな村で、寄宿学校がある。その先は松並木の道。高崎では快く迎えられなかった。

どこの家にも緑で飾られた祭壇がある。日本の祭り。

倉賀野と高崎の間には電信の架線があるが、器具はまだ取り付けられていない。

日本の祭りは仏様の祭り［お盆］。大君の治世下では太陰暦の第七月目の第七日目に行われていた［七夕と混同？］が、ヨーロッパ暦［太陽暦］導入後に廃止された。しかし田舎ではまだこの［旧暦の］習慣が続いている。この時代には、ヨーロッパ人がこのような祭りに参加するのを好まないようだ。昔は、竹の棒に白い紙テープをつけていた。

八月一五日

雨。外出はせず。

八月一六日

素晴らしい天気であるが、暑い。朝、烏川の右岸の清水の丘［観音山］に登る。六六二段の石段で登る。観音様を祀る小さな寺［清水寺（せいすいじ）］。一八六八年（？）の内戦の犠牲者の遺品。平野と浅間山までの山脈が見渡せる広々とした眺望。高崎は、烏川左岸に面した古城を囲んで半円形に作られた町だ。城には、一部未完成の新しい兵舎がある。川は少し氾濫しており、川幅は狭く（三〇メートル）、流れは速い。潔い（いさぎよ）町、衛戍（えいじゅ）は玉村に移るのだ。周囲は平坦で、よく耕作されている。平野はゆっくりと山地の方へ高くなっていく。主要山脈は東から西に向かっており、火山性の尖峰（せんぽう）。支脈は北から南に分岐したのであろうか？　烏川の右岸は平底（ひらぞこ）の谷間である。

夜は、僧侶の音楽隊が通りを徘徊していた。仏様の祭りの一環である。日本の語呂合わせと御茶屋の前に集まった群衆がまわして吸った質の悪い葉巻が好評であった。鰐の形の鋸

［?］も大成功を収めた。

八月一七日

夜中に食料の補給あり。

夕方五時に松井田に向け、高崎を出発。状態の良い道路で、山に近づくにつれ、状態がますますよくなる。高崎から松井田まで公共交通機関［乗合馬車？］の便があるが、我々は利用しなかった。道は烏川の左岸を登っていく。高崎の町を出たところで、まず最初に橋脚のある橋でこの川を渡る。二番目の橋も同じような橋である。三番目の橋は碓氷川との合流地点で、二つの小さな船橋であった。そこから一キロメートル登り、固定した橋を渡った。渓谷は肥沃であり、山は右岸に迫っている。左岸は、最初は幅広かったが、碓氷川との合流地で狭くなった。四〇メートルの急斜面。

板鼻（いたはな）、長細い村。蚕の繭。薄汚い。［九十九川（つくもがわ）との］合流地の川下。安中（あんなか）は大きな村で、女子寄宿学校がある。古城。村を出るとすぐに美しい松並木となり、約一里先の原市（はらいち）まで続く。原市は桑の植林地に囲まれた小村である。碓氷川は両岸から挟まれ、そのうち蛇行となる。切り立った両岸の間の距離は五〇〇メートル。山々は突然風変わりな鋸歯（きょし）状の形をしてそびえ立つ。

山陵(さんりょう)の麓に松井田。碓氷川河畔の魅力的な場所にある大きな村。急斜面の縁に、大木の根を利用して作られた避難所のようなもの。

バロメーターは、高崎、一八・八。松井田、一七。差は一八〇メートル。

八月一八日

松井田から坂本まで、二里半。人力車で行く。道の状態はかなり良好だが、道の付け方がまずく、勾配が非常に急である。碓氷川の左岸を登っていく。昨日見た急斜面が右岸のすぐ近くで崩れ落ちている。岩穴、岩の中の穴。夜、祭りを行う小さな村がいくつかあった。坂本は、二つの渓流が合流し、碓氷川となる地点の平底の谷間にある大きな村。バロメーターは一五、標高六〇〇メートル。広い通りの中央に小川が流れている。清潔だが小さな御茶屋。学校のベンチを持ってきて、テーブルとして使った。

坂本から軽井沢。この道は人力車では行かれない。そこで、徒歩で登り、荷物は駄馬に運ばせた。距離は三里。坂本を出るや否や急な登り坂。碓氷峠は三〇〇メートルの山の上。そこから、高崎まで続く碓氷川の渓谷の非常に美しい眺望。また、東の方はさらに遠くまで見渡せる。ここから道の状態はよくなり、山頂に沿って進む。そして、碓氷川の水源近くの谷間に下り、再び急な山道を次の峠まで登る。この峠には峠町という小さな部落がある。

崩れ落ちた橋がいくつか。米と絹を運ぶ駄馬の大きな隊列。峠で休憩、疲れを癒すのにちょうどよかった。

バロメーターは七、標高一四〇〇メートル。

その先の道路の状態はとても良かったが、山崩れがあった。軽井沢は、分水嶺(ぶんすいれい)の西側、反対側の斜面を峠から約二四〇メートル下りたところにある。峠の水源から流れ出る小川は新潟で海に注いでいる。

軽井沢から追分(おいわけ)は二里半。状態の良い道で、火山に囲まれた高原を通り、おおかた平らである。火山の一つは樹木の生えていない大きな山［浅間山］で、高原のちょうど中央にそびえている。浅間山の裾に近づきながら、そこを迂回した。浅間山は高原の北側の境界となっている。もくもくと立ち上がる煙が断続的に大きくなる。こちら側は傾斜が非常に急だが、穏やかな姿を呈している。

追分は、この火山の麓の美しい村。御茶屋は大きく、二階付きの非常に快適な宿で、まわりの山々の美しい眺めが望まれる。バロメーターは九・二、標高一一八〇メートル。

八月一九日

休養。追分の高原を少し散策する。高原は西の方にゆっくりと低くなっていく。浅間山も西側は傾斜が緩やかである。京都に行く街道［中仙道］の非常にきれいな渓谷の眺望。高原には桑の木がない。土地は砂地であり、多くの小川が流れている。松林は最近の台風で荒らされていた。

午後、ブーグアンとエイルブロネの希望で軽井沢に買い物に行く。

八月二〇日

火山は雲で覆われている。登山はせず、小散策。午後、追分から一里のところを東から西に流れている湯川で釣りをしたが、何も収獲はなかった。帰り道、奇妙な場面にぶつかる。近所の家の中庭で、水を満杯に入れた桶の前に、三人の男が真っ裸でしゃがみ、祈禱を早口でもぐもぐ言いながら、時々水を頭にかけていた。

八月二一日

追分のバロメーター、九・三。登山中、目盛りの針は［下がって］〇を超え、［マイナスとなって］一九と二〇の間、一九・五で止まった。おおよその差は一四・一。標高、約二五九〇メートル。

浅間山に登る。シャルヴェ、ブーグアン、ガロパンと私、ガイド、食料を運ぶための人足。

登山道は、追分の末端、軽井沢道の右側〔ママ〕、廃墟となった寺の近くから入って行く。山道は、初めは石を並べて標示されていたが、さらに進むと、道はほとんどつけられていない。傾斜は最初は緩やかであったが、だんだん急になった。土地は草や小灌木で覆われている。一時間登ったところに硫黄池滝があり、火山性の洞窟の中にカミサマを祀っていた。赤い泥水、あたりは沼地。二時間登り、火山円錐丘［外輪山］の裾に着いた。そこから、登山はきつくなった。いろいろな大きさの、いろいろな色の石が足元から転がっていく。斜面は三〇〜四〇度の傾斜で三〇〇メートルの高さである。数個の非常に大きな石の上に、巡礼者は小石を積み重ねている。仏像の数体が噴火口の縁まで散らばっている。山頂は、（高さ約三〇〇メートルの）円錐丘の形をしており、赤と灰色の岩壁からなっている。そこを割れ目から通り抜けると、カルデラに出る。中央に二番目の円錐丘［内輪山］が噴火口を伴って君臨していた。内輪山の石は灰色で固く、傾斜はより穏やかであった。非常に大きな噴火口は水蒸気や硫化水素、一酸化炭素の雲が立ち込めている。こちらの縁からあちらの縁は全く見えない。山頂から分岐する深い亀裂がたくさんある。いたるところで噴煙の合間から火口が見られる。地面は熱く、石を動かすと煙が出る。

下山は危険で長時間を要した。［行きは］七時半に出発し、一時半に［山頂に］到着。帰りは、三時半から六時半まで。残念ながら、山から周囲を眺望できなかった。西から南にかけていくらか雲の切れ間があったが、ほとんどの時間、我々の眼下は厚い雲に覆われていた。

八月二二日

富岡に向け、追分を出発。宿屋の油屋を出る時、棚の上に小さな祭壇があり、蠟燭が灯り、いろいろな大きさの木造の賽銭箱が目についた。

七時から九時にかけて、軽井沢まで人力車で行く。雨模様。坂本まで徒歩で行き、昼食をとる。三時に出発。人力車で松井田に五時に到着。［人力車の］会社との交渉。会社側は、取引を牛耳(ぎゅうじ)っている若い男の子が担当している。一人、一里につき一六銭もするのだ！ 誤った計算は故意にやっているのだ。荷物が出ていくのを見届けてから、我々は徒歩で行くことに決めた。二里半の夜の道を、田圃と桑林を抜けて行ったが、案内人は絶対必要であった。富岡には九時一五分にへとへとに草臥(くたび)れて到着した。一日に六里半の山道を歩いたので、足はすっかり痛めつけられてしまった。紅海を渡ったヘブライ人(15)のように足を濡らさないで渓谷を通ったのである。壊れた橋、下流に架かった古い橋のエピソード。荷物を運んだ人力車が通った道筋、荷物に追いつくため、人足は一番近い近道を通り、勘定を変えたが、我々は受け付けなかった。ぐっすりよく眠った。

八月二三日

午前中は富岡の製糸所を見学した。三棟の建物が馬蹄形に建てられ、中央の中庭に蒸気機関（五馬力）が設置されている。繭倉庫は馬蹄形の建物の空いた部分に建てられた倉庫と階上にある。三〇〇釜の繰糸器のある繰糸所。世界最大の繰糸所である。かつてはブリュナ氏[16]が所長を務めていた。所長[17]に大歓迎される。通訳。繰糸所の女性たちには好奇心の強い人もいた。糸場に銅製の釜。

午後、六里離れた新町に向け出発。富岡は、鏑川の左岸に面した細長い大きな村である。鏑川は烏川に平行して流れ、倉賀野で烏川に合流している。谷間は南東から北西に延び、平坦で、耕作がよく行き届いている。左岸は樹木が茂り、起伏の多い丘陵地帯で、右岸はだんだん高く、険しくなっていく山稜地帯が平行して走っている。時々、川床にぶつかったが、車で行ける非常によい状態の小道である。富岡から二里行くと右岸に吉井、大きな村である。二つの村の間は渡し舟で渡る。新町は、中仙

富岡製糸所。

道の大きな町。寄宿学校はあるが、宿屋は少ない。宿泊はあまりうまくいかなかった。蚊のため、眠れなかった。

八月二四日

烏川を下って、東京に向け出発。二艘の舟、そのうち一艘は食糧運搬用である。川の流れは不均一で、時々非常に早くなる。川岸は平坦で、単調であり、ところどころ大木のもとに小さな村があった。葛和田(くずわだ)の放置された家の蔭で昼食をとるため、舟を降りた。あまり衣服をまとっていないこの村の住民たちが、我々のまわりに走り寄って来た。小さな出来事、杭の堤防に衝突。座州(ざす)。足にかなりひどい日焼け。川の流れは川幅が広くなるにつれ、緩やかになる。古河の合流地の上流では絶対に四〇〇メートルには達している。「今日の」旅は月光の素晴らしい夜半に終わった。

八月二五日

栗橋に宿泊。今回は蚊にあまり悩まされなかった。ちょうど祭りの真っ最中に着いたが、祭りについてはよく説明してもらえなかった。宿屋の前には、演壇のようなもの「屋台」を設置し、その上に笛や太鼓を置いていた。一人のほとんど裸の人足がそのまわりで、群衆の笑いの渦の中で踊っていた。少しずつ踊り手が増えていく。黒い衣服をまとい、球冠の大きな藁帽子を被った僧侶が二人、祭りの方にやってきた。そこに老若男女が一堂に集まってきた。皆、白と黒の着物を着て、大きな帽子を被り、夜の闇でよく見わけのつかない面をつけている。洋服を着た人が、大きな身振りで注目を引いていた。彼らは同じ地点のまわりに二重の輪を作り、前に三歩、後ろに二歩というリズムで、その合間に両手を打って踊っていた。この光景も終いには単調になってしまったので、宿に戻って就寝した。翌日は、一四里離れている東京に向けて人力車を走らせなければならなかった。旅は、車と会社のいつものギシギシいう騒音以外はなにごともなく無事終了した。

八月二六日

日焼けした足が腫れあがり、どうしても絶対安静が必要となった。夜、強風と、非常に長く続いた非常に強い地震。ぼろ家から逃げ出した近所の人たちの音で目が覚めた。ところで、浅間山の付近では地震は非常に稀だと追分で耳にした。追分では火事も少ないそうだ。宿屋の油屋は建てられてから八〇年以上経っている。

正午に、ヴァンサンヌ氏が、ほとんど私に抱かれて死去した。エスナールだけがその場に居合わせた。

八月二七日

横浜で［ヴァンサンヌ氏］の埋葬式。私は、足の腫れのため行かれなかった。

八月二八・二九・三〇・三一［ママ］日

なにごともなし。ただ、……の方へ乗馬で散策した。読書と手紙を書いて時間を過ごした。

八月三一日

我々の仲間が全員集合。第一三砲兵隊予備役少尉のプチ氏が加わり、人数が増えた。

一八七七年九月

内戦終了

九月一日

隅田川右岸、両国橋上流の柳橋のカメさんの御茶屋で家族パーティー。三人の娘の踊り。「初めて、形(なり)、張(は)り、限(き)り」［?・］、難破しそうになった小舟の踊り。イオサワ氏のアクロバットはこの晩の宴会で大成功を収めた。午前零時を過ぎて帰宅。

九月三日

横須賀の技師、デュポン氏の送別ディナー。彼はあさってフランスに発つ。

九月五日

日比谷練兵所で行われた軍事刑罰執行に初めて立ち会った。受刑者は厚い布団をまとっている。所属部隊の前に連れて行かれ、多少なりともきちんとした格好をした民間の書記官が判決を読み上げ、四人の小使いが莫蓙(ござ)の上に受刑者を寝かせる。別の民間の役人が古いぼろ布で作られたと思われる白の短い棒で、布団の上から受刑者を叩く。二〇回叩くたびに水を一杯飲ませる。受刑者は起き上がり、おおかたはちっとも疲れていないようだ。犯罪に従い、青い布団を纏(まと)わせたり、留置人の赤い着物や軍事受刑者の青い袖の着物を着せたりする。

我々が旅行から戻ると、内戦は終わったと告げられた。警察官は一人あたり二〇両の支払いを受けて、戻ってきた。今日、西郷が鹿児島を占領したという。警察官は前より一層強い勢いで再び出征していった。すべての事態を覚悟しているのだ。

九月八日

ティエール氏逝去のニュース[1]。

九月一二日

晩に既婚者のための宴会。未婚者はデザートのみ出席できた。大サロンで、幻灯と恒例のアクロバット。大親分は欠席で、事はうまく運んだ。

九月一三日

芝の寺院［増上寺］で、先々代の大君［一四代将軍家茂（いえもち）］の奥方親子（ちかこ）内親王［和宮（かずのみや）］の葬儀。最近、宮ノ下で逝去された。仏教による葬列。昨年見たミカドの内親王の葬儀は神道によるものであった。そもそも、昨年の葬列の方が今回より遥かに立派であった。これは、国庫金の現在の貧窮状態によるものと思われる。白い紙の提灯を数えると四二個あり、数人の僧侶が金銀の紙を載せた盆を持ち、この紙を群衆に配った。白木（しらき）の棺にはミカドの紋が付いていた。旗はない。葬列の一行は薄汚れていて、うまく行進していない。ガロパンとプチは音楽隊に潜り込む。車と衣服はいつものようにグロテスクである。僧侶は薄汚れたスリッパ［草履］と靴下［足袋］を履き、馭者は形をなしていないシルクハットを紙の端で固定して被っている。大僧正の馬車の鞭差しは青いフンドシで止めつけられている。その馭者はネクタイの代わりに婦人用ブローチをつけ、提灯の中にマッチ箱を置き忘れている。別当は醜い鳥打ち帽を被っている。

群衆は、葬列よりずっと興味深かった。馬一頭がアクロバットの動作をして群衆にパニック状態を引き起こした。人力車が壊れ、数人が押しつぶされた。切れ目のない人垣を作るのに十分な警察官がいなかった。

九月一四日

夜、非常に大きな雷雨があった。凄い稲妻、滝のような雨。この夕立が止むのをカモンヤシキで待たなければならなかった。帰途、道路には穴があき、穴をふさぐために仮の橋が架けられ、人々は家の外壁を修理していた。我が家の天井はあちらこちらに穴があいていた。私の仕事机の上には雨が漏れ、井戸は汚れた水でいっぱいだった。

九月一六日

素晴らしい日没。西の地平線には、大きな紫色の雲がかかり、その上に富士山の黒っぽい姿が君臨していた。幻想的な雲のプロフィール。その上に北から南にかけて、金色と碧(あお)い帯が延び、あたり一面赤く染められていた。

九月一七日

権現様（または大公様）の祭り。上野の神道の寺［上野東照宮］に群衆が集まる。ここに参拝する人は有力者によく見られていない。教導団と海軍の楽隊が博覧会の公園で相次いで演奏した。夜、浅草を散策。賢い犬、弓の射手、曲芸師を見て廻った。

ミュニエ大佐［コロネル］により大阪から送られてきたリスト。

負傷または大阪で療養中の生徒：
砲兵隊：小川（右手切断）、秋元（脚に二か所負傷）
工兵隊：小島［好問］[2]（腰に弾丸）
騎兵隊：コジマ（左脚に弾丸）、アキバ（頭部に弾丸二弾）、キサラ（脚に弾丸）
歩兵隊：カワシマ（腕に弾丸）、カワイ（脚に弾丸）、木越安綱[3]（腹部）、南部辰丙[4]（右腕切断）、小林（右腕に弾丸）、稲垣（顔に弾丸）、宇都宮（両脚に二弾）、シバヤマ（腰に弾丸）、タニオカ（眼病）
トヤマ：本田中尉（腿を弾丸貫通）、松島少尉（腕に二弾、腰に一弾）
大阪滞在中の生徒からの情報。
戦死または負傷による死亡者：
砲兵隊：片岡、杉浦、アオカタ、大崎
工兵隊：タケノ、大内
歩兵隊：桑原、土方、鈴木ケン、石坂、ナカタ、サカタ、マシダ、熊谷、富山、長谷川、林（モトフミ）、田辺、田中ゲンエイ、ワタナベ、タワラ、オノマサワ、中村、武藤、杉野
［死傷者］合計：四〇パーセント以上。

九月二二・二三日

寝室で喫煙。王子で散策。我が家の一階に良質の暖炉。

九月二四日

内戦は西郷、桐野と村田の死を以て終了した。(5)

上海、横浜、神戸、長崎でコレラが流行る。待命中の部隊は野戦演習場に出発。

一八七七年一〇月・一一月

野戦演習場滞在／大尉に昇進／教務主任に任命される

一〇月二・三日

この二日間、市川と逆井（さかさい）の間を往復して過ごした。(1) 二つの橋を二日目の晩にはかけ終わった。井田少将がまず最初に渡った。長さはそれぞれ五三メートルと一三七・五メートルである。小菅老人の家で和洋折衷の夕食をとった。川の向こう側、市川の向かい、かつてモントゥロとペルセルが滞在した二階家に宿泊。すべて乗馬で移動。ぐっすり眠った。

夜、板橋方面で今シーズン最初の火事があった。

一〇月四日

富士山の山頂は雪を被っている。澄み切ったよい天気だが、寒い。蚊はもう出てこない。

一〇月六日

早朝、人力車で砲兵隊野戦演習場に出発。砲兵隊を追い越し、逆井に士官学校の生徒と同時に着く。市川で、犬、馬、車、別当など全員が落ち合う。船橋まで乗馬で行き、シャルヴェ、ジュールダン大尉と簡単な昼食をとる。そこにブーグアンが加わってきた。三山(みやま)、高津を経て下志津(しもしづ)に向け出発。午後三時頃到着。

一〇月七日

日曜日、休養。田喜野井(たきのい)の住民が訪ねてくる。臼井を乗馬で散策し、かつての馴染みと再会する。おノブさんは船橋に移ってしまっていた。森の真ん中に潜んでいる上志津(かみしづ)を通って帰る。我々の留守中、砲兵縦隊が到着した。

一〇月八日

朝、徒歩で射垜(しゃだ)［標的を据えるための盛り土］まで散歩。

一〇月九・一〇日

雨模様の一日。何も事件はなかった。

一〇月一一日

正午から台風の雨と風。我々のあばら家は揺れ、不安であった。窓を開け、鎧戸（よろいど）をくりつけるのに二人がかりでしなければならなかった。瓦は全部落ちてしまった。日本の士官たちは宿舎からあわてて撤退した。瓦が家の中に雨あられと降ってきたのである。標識の旗は持ち堪（こた）えた。風は南から西向きに変わった。

一〇月一二日

台風は真夜中頃通り抜けた。習志野（ならしの）ではあばら家が崩壊した。東京のヤシキでも被害があった。夜、地震があった。

一〇月一三日

素晴らしい一日。乗馬。夜一〇時に強い地震があった。

一〇月一四日

フランスでは選挙(2)。当地では、ド・ローゼン氏、ドリー氏、ド・モントゥロ氏、ペルセル、ガロパンと臼井、中川に散策。おタキさんはいなかったが、彼女の友人たちで埋め合わせをした。家族的な場面。

一〇月一五日

曇り。午後、内黒田村（うちくろだむら）の近くの森で迷い、ずぶ濡れになり、くたくたに疲れ果てた。大雨の中を二キロメートル行くのに三時間近く要した。愚かな女性が住む家に行きあたり、また、僧侶たちがコレラを追い払うために夜の祈禱をしていた寺に行きあたった。天野君と夕食。これがなかったら、多分難局を切り抜けられなかったであろう。

一〇月一七日

石本が来る。彼は、内戦中、三好［重臣（しげおみ）］少将(3)の専属副官としての任務に当たり、九州から帰還してきた。作戦が支離滅裂であった印象が感じられる。死亡者、負傷者、病人など、遠征隊の犠牲者は二万人にのぼると彼は推算していた。正規軍は一〇の旅団に分けられ、各旅団には砲兵中隊と工兵中隊が付けられていた。必需品補給は稀で難しかった。

一〇月一八日

雨。

一〇月一九日

朝は雨。狩猟をしに一廻りする。我々の宿舎のすぐ近くで雉(きじ)を一羽撃つ。

一〇月二一日

習志野で狩猟解禁。一日中、雑木林を駆け回る。数日前にジュールダン大尉に傷つけられたという鶏を撃って終わる。乗馬で夜一〇時半、月光のもと、帰宅する。

次の週はなにごともなし。好天、空気は澄んでいるが寒い。フランスの選挙のニュース。

一〇月二四日

コロネルから一〇月二六日にフランス公使が来訪すると通知があった。ド・ジョフロワ氏は歩兵隊の野戦演習場におられるが、体調を崩し、ここまではいらっしゃらない。そこで、井田少将で我慢する。少将は一〇月二六日の砲兵実射訓練に出席する。

一〇月二七・二八日

昼食後、臼井の湖に向け出発。夜まで舟で狩猟をし、中川に泊まる。二八日の朝、中川から四里離れた利根川まで、湖を下る。湖はZの形をしているようだ。その両端は、臼井寄りは西から東に、中川寄りは南から北に向かっている。中川寄りの方は、水戸地方の二重の尖峰［筑波山］と日光連山が地平を遮っている。この尖峰は東京地方の平野のどこからも眺められ、日光連山には、中禅寺の近くのこの時期には雪に覆われた大きな火山男山（おやま）［男体山］が識別できる。利根川に近づくと、川幅が俄然広くなる。対岸は漠然としか見えない。しかし、流れはほとんど無く、風が強く、波はかなり高い。その先は、湖の右岸（南岸）、利根川との合流地の安食（あじき）村まで続く水路の迷路である。利根川自体もこの運河の迷路の中で見分け難い。安食で昼食、五里先の成田まで人力車で行く。登り降りがたくさんある起伏の多い道。いつものように田圃と林。寺院とブロンズの仏像、木彫を再び見物する。鼠の話をしてくれた僧侶に再会するが、今回は酔って（?）いるのか間が抜けていて、淫らなことを提案した。

帰途、女性が引く人力車を見かけた。このような場面は初めて見た。道路は最近修復されていて、現在、素晴らしい状態である。この道路工事は、宗教団体が受け持った。各団体の名と受け持ち区間は道路に沿って立てられた柱に表示されている。中川で乗船し、臼井に向かう。野戦演習場には夜、戻る。月は出ておらず、提灯で馬を先導してもらった。非常に寒かった。

一一月二日

金曜日。午後の砲兵実射訓練の最中、井田少将、コロネル、ロシア公使の二度目の来訪。

一一月四日

シャルヴェと私だけで、湖で狩猟。

一一月八日

習志野で、令弟と岩倉氏同伴の伏見宮殿下の閲兵式。七日の夜はコロネル邸に宿泊。正午から、砲兵隊は天野氏と小菅氏の例のロケット弾を発射するため下志津に戻った。これには、ずいぶん気をもんだ。私は馬でゆっくり常足(なみあし)で戻った。帰宅すると、我々の部屋の半分が宮様とその随員のために日本式に模様替えされていた。窓から、先日は我々に拒否したロケット弾を、奮発してたくさん発射しているのが見えた。

一一月九・一〇・一一・一二日

湖で一日中、冴えない狩猟をする。月曜日の一二日朝、野戦演習場を出発。正午に人力車で東京に到着。今月中我々に窮乏生活をさせた小使いを直ちに解雇する。

一一月一三日

帰京して、私が大尉へ昇進したことを知る。コロネルは曾我少将に私が将来の教務主任になると通告した。(4)

一一月一四日

内戦の犠牲者の追悼記念祭。(5) 相撲。我々自身も群衆を押し分けて、相撲が見えるところに行くのに頑張った。

多くの生徒たちが、いろいろな部隊の少尉の制服を着て、九州から戻ってきた。

一一月一五日

追悼記念祭は続き、九段で素晴らしい花火を以て終了した。花火は我が家から少し見たが、競馬場に行って長い間立って待たずに済ませた。

一一月三〇日

ミカドは上野の博覧会の閉会式を司った。(6) 池［不忍池］は赤い提灯でイルミネーションがつけられた。花火。［……］

一八七七年一二月

たくさんの宴会！／ジュールダン大尉の離日

一二月一日

内戦遠征から帰還した鎮台の工兵士官団の来訪。

一二月三日

バタバン氏と「アルストさん」出発のため、ティーブル号船上で夕食。

一二月四日

聖バルバラ祭[1]。ペルセルが準備した夕食。甘味の料理［デザート］がたくさん出る。何日ももつだろう。メニュー［……］

一二月五日

フランス公使邸で夕食。よそよそしく退屈なディナー。会食者：大久保［利通］、伊藤［博文］両大臣。後者は英語を話す。私は彼の隣の席に付かされた。ボアソナード氏、彼は徒歩で、提灯を手に帰宅した。博覧会では素晴らしい買い物をしたくせに……。オズーフ司教、(2)何者かすぐわかる服装をしていたが、一言も口を開かなかった。東京府知事、頭のよさそうな顔をしている。エヴラール神父、モンベル。

一二月八日

ジュールダン大尉帰国に際し、曾我少将と士官学校士官主宰の夕食を兼ねた正式昼食会が上野の精養軒で行われた。冷ややかな雰囲気で、食事もまずく、ワインはひどいものであった。曾我少将は、九州で歴史に残る遠征をしたと思い込み、コロネルにはお構いなしの様子であった。デザートの時、食事中、ゲップを出しつづけていた武田が漢詩を朗誦したが、そのなかでヴィエイヤール大尉が無礼に取り扱われていた。我々の横では、近衛歩兵隊の士官たちが九州で戦死した仲間たちの追悼の食事をしていた。音楽、白、緑、黒の服装の僧侶による葬儀、庭にあつらえた即席の祭壇。軍隊の会合で行われた宗教儀式を初めて見た。なにごとも拒否する前にまずは初めに試みなければならない。

一二月九日

前日と同じ理由の夕食を兼ねた昼食会が、工兵士官たちと行われた。まず、上級士官たちが築地の精養軒で昼食をとったが、昨日よりずっとサービスが良く、誠意をもって迎えられた。そこから、一斉に、人力車で、両国橋の近くの大きな御茶屋中村屋に駆けつけた。[3] そこでは、日本料理の大宴会が開かれていた。ガロパンはそこで昔馴染みの友人、兼松［直稠(なおしげ)］氏[4]に再会した。兼松氏はかつてパリの日本公使館に駐在しており、友情溢れた真の「フランス人」である。大広間に、小さなテーブルを二列に並べ、端に我々のため、小さな布団［座布団］が敷いてあった。全く東洋風である。中央には芸者の一団がいて、非常に踊りのうまい頭丸刈りの老婦人に指図されていた。我々は、出席者全員と次から次へと盃を交わさなければならなかった。確かに五〇杯以上飲んだ。酒酔いにつられ、全員が踊りに加わった。小菅氏は兼松氏のオペラハットを被り、大塚大尉は年取った芸者のスカーフを被った。目隠し鬼ごっこをしたり、ある人は頭で、他の人は足で格闘した。夜になって解散したが、笑いすぎて頭が少しおかしくなった。日本でこんなに楽しんだことはかつてない。仲間は午前零時まで居残った。

一二月一二日［ママ］

また、コロネルの招待による先日と同じ理由の夕食会。よそよそしく、退屈だった。ヤシキと麴町を結ぶ通りの地下の木製下水管の洗浄。つまり、あちらこちらで下水管の上部に穴を開け、竹の薄片の端を次から次へと結び付けて作られた非常に長い細紐をそこに通していた。この紐はとても柔軟性があり、上方下方交互に引っ張り、詰まった下水管を通すのである。

一二月一一日

前記の夕食会の前に芝離宮で行われた陸軍卿主宰の同じ理由の夕食会。サービスも食事もあまりよくなく、ワインもまずかった。隙間風があり、足が冷えた。

一二月一七日

ジュールダン大尉は横浜に向け出発。夜、ティーブル号に乗船する予定である。グランドホテルで送別ディナー。皆と抱擁して別れを惜しむ。

中国の戦艦が錨地に入港。この船で来日した大使は町会所(まちかいしょ)で夕食をとることになっている。戦艦は、三本マストの帆柱に翻る紫色の大きな旗ですぐ見分けがつく。水夫は国を代表するベレー帽を被り、一〇センチの幅の赤地で縁取られている大きな上っ張りを着ている。船長

横浜の町会所。プリジェンスの設計に従い、1874年建設。

横浜郵便局。1875年建設。その左に電信会社、左手奥に町会所の時計塔が見える。

は大変な文人であるが、船を操縦することができる副艦長を自らの懐から支払って雇わなければならなかった。

一二月二四日

士官学校の歩兵科と騎兵科の卒業生が、士官学校の校庭で、我々の列席のもと、曾我少将から卒業証書を受け取った。証書は大きな字で書かれているのは、非常に丁重である。生徒たちは各人、お辞儀をしてそれを受け取り、読むふりをする。これもまた非常に礼儀正しい。

一二月二九日

一年以上前に我々と別れて長崎に行っていたプーセ氏が戻ってきた。

陸軍卿が今年もまた我が家の門前に竹と稲の藁でできた凱旋門のようなものを、真ん中に大きな赤いザリガニをつけて立てて下さった。

一八七八年一月・二月・三月・四月

日記を記す時間があまりない

一月一日

ダグロン[1]が出発。コロネル邸でレセプション、フランス公使は今回は礼装していた。

一月二日

正午四五分、ミカドに謁見[2]。謁見者は昨年より少ない。政府に雇われているヨーロッパ人の数が減っている。それに、三〇〇円以下の俸給を受けている者は外されたそうだ。式典は昨年と同じ広間で行われた。ただ、今年は皇后陛下も伝統的に髪を結って御臨席なさった。数人の女官と宮廷の高官たちが背景を成していた。

一月一・二・三・四日

一日中、雨。外出は不可能。

皇后。

明治天皇。

一月五日

夜一〇時に士官学校の東の丘の上で火事があった。今年初めて見た大きな火事。

一月一四日

芝離宮でディナー。シャルヴェはこっそり椅子を後ろに引いて人の不意を突いた。音楽隊のテントに火がつき、我々にとって、気晴らしとなった。庭は赤い提灯で見事に照明されていた。とりわけ、それが池に反射して菱形（ひしがた）に映っていた。

一月二五日

加賀屋敷の近くの本郷の芝居小屋。劇場は京都や大阪の劇場と全く同じように建てられていたが、あまり整備されていない。そこは広い納屋のようなものである。凄まじい刀の一騎打ちや全員の乱闘が演じられた。致命傷を受けることになっている者は皆、倒れる前に足で起き上がる。二人の唄方が二挺（ちょう）の三味線の伴奏で唄う。この芝居の動きのデッサンを描き、調子をつけるとよいであろう。

この月は、ほかに特別書くことがない。雪、寒さと泥。

二月二三日

朝六時頃、今まで経験したうちで最も強く、長い地震があった。皆、家から外に跳び出した。我が家の壁にたくさんのトカゲがはっているのを見た。火事。

素晴らしい天気。果樹に花が咲いている。

三月一二日

教導団の兵舎の前で軍人と警察官の間の血まみれの乱闘。

三月一三日

私の犬は馬の足を舐めて中毒を起こした。馬の足には、ネズミにかじられないようにヒ素化合物をこすりつけている。酸化マグネシウムで治してやった。門番は、その効き目に驚いて、マグネシウムの残りを食べさせてくれと頼んできた!!!

三月一六日

ミトの砲兵工廠の長屋の火事は素早く消火された。

三月一七日

井の頭池（いのかしらいけ）で昼食。楽しく時を過ごすつもりで出かけた。とても美しい景色、柳沢（やなぎさわ）街道から二里半の池の畔に古い寺。(3) 美しい谷間、樅［松?］の林など。しかし、今日は風と非常に不快な土ぼこりがあった。夜、神田橋方面で非常に大きな火事があった。日本人の洋服仕立て屋はまたもや焼けたと思う。彼は数えきれないほど火事にあっている。

三月二三日

［江戸］城の非公開の庭園を初めて訪問する。さすがに非常に美しい。池、竹、東屋、屋根の下で風雨から守られた帝室用小舟、鉄の線で作られた橋など。

横浜にほど近い金沢の電信柱。

三月二五日

ミカドと皇后陛下が日比谷練兵所における近衛隊の練兵訓練をご覧になる。[4] あらゆる種類のアクロバットを披露。武力演習をもご覧に入れた。これはすべて中国使節団に敬意を表して行われた。

電信開業式[5]がこの日に行われた記念に、夜は、エンジニアリングホール（工部大学校中堂）で工部卿主宰の祝宴が催された。日本の閣僚、各国公使、教授、現場監督などが出席、中国の使節団も招待され、大声で笑い、いたるところで唾を吐いていた。食事はイギリス料理、つまりとてもまずかった。ワインの選択は失敗であった、というかコルク栓の臭いがした。教導団と海軍の音楽隊が交互に演奏した。私は、イギリスの音楽隊がこの晩演奏したような不快な『ファウスト』[6]を聴いたことがない。デザートの時、何度も乾杯した。イギリス公使は英語で話し、ロシア代理公使は英語が話せるのにフランス語で答えていた。電信局長はたどたどしい英語で長々と演説し、その後それを日本語に翻訳した。葉巻タバコはひどいものであった。

三月二九日

黒い瞳のブロンドのサディ。

四月六日

トヤマでミカドと各国公使ご臨席のもと、[対抗演習の]芝居をする。[7] ミカドはいつもよりぼんやりされていた。多くの火薬が発砲されたが、宮内庁提供の昼食後、愚かな操作も行われた。タシマ（?）主宰のディナーがあった。

四月七日

フランス公使を招いての昼食。

四月一八日

共同食堂の仲間は皆、富士山の方に旅立ち、私はコロネルと過ごすことになった。素晴らしい天気の復活祭。

四月二八日　日曜日

エイルブロネと散策。[8] 川岸で偶然、備前屋敷（蜂の形の紋）の中で教導団が演奏する音楽が聞こえた。中に入ると、内戦で戦死した備前藩出身者に哀悼の意を表して宗教［神道］による式典が行われていた。参列者は、多くの警察官、数人の士官。中に士官学校の生徒が二人いたが、式典では何もわからないと言っている。僧侶［ママ］の音楽はいつものように調子が外れていた。笛、ハーモニカ、太鼓。公家。礼装の僧正［ママ］、宮様。我々に木の葉で水をかける。紙製の大きな箒を我々の上で振り動かす。神に果物、米、魚を奉納しているようだ。この神の特性を示す鏡がすべてを司る。式典は長く続き、我々は浅草の方に足を向けた。

和服を着た木製彩色の等身大の人形を操る芝居を見た。すべての動作はかなりの真実味をもって動かされた。一人四〇銭。中に入る。解剖の講義をする大講堂を思わせる場面がいくつかあった。大きな目をぎょろぎょろさせながら、切腹する人たち、ぶつ切りにされた人たち、斬られた頭、金玉に槍を刺された男、すべて、レアリスムの恐ろしい刻印が押されている。老若男女の善良な日本人はこのような残酷さに何も驚いていないようだ。青髭[9]の暗い地下室にいるようだった。

その後、ほら吹きのアクロバットを見る。彼は人足用の大きな帽子を被り、中に刀と蠟燭をめぐらした藁の円筒を通り抜けた。円筒の長さは一メートル五〇、帽子よりずっと狭い筒である。

一八七八年五月一日〜二〇日

出発準備／五月一四日、大久保卿暗殺／五月二〇日、日本出航

五月八日

競馬が始まり、一連の私の送別昼食会やディナーが始まる。

五月九日

横浜でジェラール氏(1)と昼食。日本の士官たちとディナー。これは昨年一二月の祝宴のお返しである。一人（牧野［毅(つよし)］）は居眠りをし、二人目（天野［貞省(さだよし)］）は名誉を受けるため帰ってしまい、三人目（小菅）はピアノを弾いた。他のひとたちは大体調子がよかった。

五月一〇日

ミトのディースバック(2)宅で送別ディナー。帰りがけ、虎ノ門の近くの金毘羅様(こんぴらさま)の祭りに寄った。いつもの悪ふざけを始める。つまり、少女の巻き髪に簪をさすのだ。そのうち三人の

少女に彼女たちの家までついて行くよう誘われた。そこで、本屋の店先に入らせられ、お祖母さんが美味しいコーヒーを出してくれた。その合間に父親が入ってきたが、このような歓待はごく普通のことのような様子だった。煙草を配り、吹上(ふきあげ)まで帰る切符もくれた。お互いに満足して別れた。

五月一一日

我々の家で、ベルソン、マンジョ、ディボースキ(3)各氏を招待しての夕食会。

五月一二日

横浜の商店（商人？）に挨拶廻り。レノー、エイルブロネ、シャプサル(4)、ジェラール。まだ出発まで一週間ある。

五月一三日

我々の家でディナー。フランス公使、コロネル、ローラン・ド・ヴォルガ艦長、デュ・ブスケ大尉、コニル氏。会話はとりわけ、内務卿の大久保氏の名前の綴りについてであった。

大久保利通。

五月一四日

日本歴史上、大変重大な事件が起こった。今朝八時、大久保［利通］氏が仮皇居に向から途中、暗殺されたのである。[5] 卿は、出羽屋敷と皇居の前に出る門の間の城壁の内側に沿った、人出のない通りで追い詰められたのだ。

暗殺者は六人で、日本刀で馬と御者を斬りつけた。彼らは仮皇居内に逃走したそうで、加賀藩のサムライだという。大きな動揺。城の周辺は見張りが二倍に敷かれた。日本人はヨーロッパ人に比べ、全然驚いていない。

ド・ローゼン氏は遺体を見たが、西郷［従道］中将と野津大佐が遺体を大久保邸に移した。暗殺者は車中にいた大久保氏の腹を刀の先端で突き刺した。卿は車から外に飛び降りようとし、左手をドアの外に出して肘まで斬り裂かれ、同時に刀で喉を突かれ、頭には多くの傷を負った。遺体は首、手、額が覆われて安置された。暗殺者は遺体を通りに置き去りにし、暗殺に使った刀は地面に残されていた。別当は命が助かり、宮中にこのニュースを伝えに走った。暗殺者は徒歩で、斬奸状を携えて、非常に落ち着いて、裁判にかけられるよう自首した。

真の日本人がするように、何も感動の表情を表さず、暗殺の成功に満足の様子を示していた。彼らは祝祭の日のように、羽織を身に着け、礼服を着ていた。そして、刀を背に背負い、人力車に繋がれて、刑務所に連れて行かれた。翌日、七人目の謀反者が自首してきた。

五月一五日

フランス公使邸でディナー。とても楽しかったが、駿河台（ベルソン氏宅）での昼食でたくさん食べた後で、何も口を通らなかった。公使はとても愛想が良かった。写真、推薦状など。

五月一六日

大久保氏の葬儀。(6) 神道による儀式。遺体は長い棺に水平に安置されていたのが注目された。外交官は式服で参列するようにと指示があった。私は用事でどうしても横浜に行かなければならず、列席できなかった。上野のレストランで和食のディナー。概してまずかった。昨夜、神田橋の方で大きな火事があった。これが最後の火事でありますように。

五月一七日

東京での最後の晩。昼食後、横浜に出発。着くと、船の出航は悪天候のため延期となっていた。「土曜日はくつろぎの日」。

五月一八日　土曜日

あらゆる意味での雨模様の天気。船の出発はまたもや延期。

五月一九日

横浜で乗船。

五月二〇日

月曜日五時、素晴らしい天候のもと出航[7]。

注

一八七五年一二月

（1）ヘンリー・トロンシャン（一八五三―一九二四）。一八八一年、ルイ・クレットマン夫人の妹と結婚し、義理の弟となる。

（2）シャルル・ルコック作曲のオペラ・ブッファ（三幕）。一八七二年、ブリュッセルで初演。

（3）一八二一年、王政復古下のパリで、第四五歩兵連隊では王政反対の空気に包まれていた。そこで、一八二二年一月、連隊はラ・ロシェルに移された。共和派の二〇代の四人の伍長はカルボナリ党（炭焼き党）の秘密集会を結成し、反王政地下運動を行ったが、密告され、一八二二年九月二一日ギロチンにかけられ、処刑された。

（4）西洋すごろく。二人がそれぞれ一五個の駒を使ってゲームする。

（5）カイロ見物およびスエズまでの経路については、書簡第三信（一八七六年一月一日付）で報告。

（6）エジプトで、駆け足で人をかきわけ、高官や地位の高い人が乗る車を先導する人。

（7）Muhammad Ali（一七六九―一八四九）。ムハンマド・アリー朝初代君主。近代エジプトの父といわれる。

（8） ストラスブールのイル川の北岸に、一八六一年、川を利用して設けたプール。一九二一年まで女性入場禁止であった。一九七一年以来、公害による汚水のため、水浴は禁止されている。

一八七六年一月

（1） アデン寄港については、書簡第四信（一八七六年一月一一日付）参照。
（2） ゾロアスター教の一派パールシー教徒。
（3） ギュスターヴ・ド・クトゥリ。当時は日刊紙『ル・タン』の記者であった。その後、外交官に転向。
（4） アデンのユニヴァース・ホテルのカウンターで瓶の中で飼われている蛇。ド・クトゥリがこの蛇について『ル・タン』紙に記事を書き、話題になった。
（5） セイロン南部の湾。一八八五年にコロンボ港が開港するまで、港として栄えた。ゴール岬寄港については、書簡第五信（一八七六年一月一九日付）参照。
（6） シンガポール寄港については、書簡第六信（一八七六年一月二二日付）参照。
（7） 現在名はコンソン島。一二の島からなるコンダオ諸島で最も大きな島。ホーチミン市南二三〇キロにある。
（8） サイゴン寄港については、書簡第七信（一八七六年一月二八日付）参照。
（9） ジャック・オッフェンバック作曲のオペラ・ブッファ。一八六六年パリで初演。
（10） Charles-Martin-Auguste Lecomte（一八四七―一九二六）。エコール・ポリテクニック出身。

一八六六年入学。

（11） Eugène-Gabriel-Augustin-Marie Courtois（一八四九—八一）。エコール・ポリテクニック出身。一八六八年入学。

（12） 香港寄港については、書簡第八信（一八七六年二月八日付）参照。

一八七六年二月

（1） フランス郵船ニール号は一八七四年三月二〇～二一日真夜中、横浜入港直前に、南伊豆町入間沖で暗礁に座礁して沈没。乗客・乗組員九〇名のうち生存者四名。遭難者には、京都府から近代織機研修のためリヨンに派遣され、一年あまりのフランス滞在を終えて帰国途上の吉田忠七が含まれていた。また、同船には、ウィーン万博に出品された文化財も積載されていたが、一九二箱のうち六八箱分が翌年博覧会事務局によって引き揚げられた。書簡第八信（一八七六年二月八日付）に「この近くで、二年前、フランス郵船の客船ニール号が船体も貨物も沈没し、数分間に乗員全員と沈んでしまいました」と書かれている。

（2） 横浜市元町の南側の高台。開港後、関内に外国人居留地が設けられたが狭隘（きょうあい）のため、南側の高台が注目され、一八六七年、居留地とされた。それ以前も、一八六一年に高台の一部を各国領事館用地として貸与し、また東端区域には英仏両軍の駐留地があった。クレットマンは山手を Bluff（英語で「切り立った崖」という意）と呼んでいる。横浜については書簡第一六信（一八七六年五月二二日付）に詳しい描写がある。

（3）Jean-Marie Orcel（一八四四―一九〇九）。砲兵士官。エコール・ポリテクニック出身。一八六三年入学。
（4）Ernest-Antonin Vieillard（一八四四―一九一五）。工兵士官。エコール・ポリテクニック出身。一八六四年入学。クレットマンはヴィエイヤールが一八七六年三月離日後の後任者として来日した。
（5）ジュバン兄弟はパリ（69, rue de Chabrol）と横浜（山手一三番地）に事務所を構えた輸送業者。シャルル・ジュバンは横浜で一八九五年に逝去。
（6）ルイ・クレットマンの母アデルの従兄弟。
（7）砲兵隊軍曹。
（8）小石川造兵廠。詳細は略称・通称リスト参照。
（9）第二次フランス軍事顧問団団長のミュニエ大佐。略称・通称リスト参照。
（10）フランス軍事顧問団本部。略称・通称リスト参照。
（11）Henri Percin. 一八七二年五月に来日した時は、猟歩兵中尉であった。
（12）Claude-Gabriel-Lucien-Albert Jourdan（一八四〇―一九〇八）。エコール・ポリテクニック出身。一八五九年入学。メッスの砲兵・工兵職種学校で建築、要塞術を学ぶ。第一次フランス軍事顧問団のメンバーとして一八六八年初めに来日するが、江戸幕府崩壊のため同年八月離日する。一八七〇年、普仏戦争で捕虜となるが翌年解放され、一八七二年、第二次軍事顧問団のメンバーとして再来日。副団長的な役割を果たし、落馬による怪我のため帰国したマージョリー団長離日後、後任者ミュニエ大佐の来日まで団長代理を務めた。

(13) Léon Descharmes（一八三四―一九一六）。サン・シール陸軍士官学校出身。一八五三年入学。第一次フランス軍事顧問団メンバーとしても来日し、騎兵隊を指導した。普仏戦争で重傷を負う。彼のアーカイブ（特に日本に関するもの）はサロン・ド・プロヴァンスのランペリ博物館で保存されている。

(14) Jean-Marie Mornat. 砲兵下士官。

(15) A. Cartier. 砲兵下士官。

(16) 一八七六年二月一一日正午に日比谷練兵場で紀元節祝賀の一〇一発の発砲が行われた。クレットマンは日にちを間違ったのであろうか？

(17) bibelot はもともと室内装飾用の置物や小装飾品を指すが、明治初期に来日した外国人はもっと幅を拡げて、食器類や刀剣、家具なども含め、工芸品全般を指していたようである。

(18) 東京医学校（後の東京大学医学部）。一八七二年からドイツ人の御雇外国人教師によって授業が行われていた。

(19) クレットマンは人足を「ニサゴ」と呼んでいる。

(20) 陸軍士官学校は尾張藩邸跡地に建てられた。略称・通称リスト参照。

(21) 東京鎮台兵の屯所。旧出雲松江藩松平家跡にあり、松平斉貴など藩主が「出羽守」と称したため、「出羽屋敷」と呼ばれたと思われる。ここには、同僚のフォコネが住んでいた。

(22) Albert-Charles du Bousquet（一八三七―八二）。第一次フランス軍事顧問団のメンバーとして来日、歩兵教育を担当。当顧問団帰国後も日本に残り、まずフランス公使館で通訳として勤務。その後兵部省、元老院などで、法律、軍事などのフランス資料を翻訳、条約改正交渉に関して助言・建議した。一八八二年東京で逝去、青山霊園に葬られる。

(23) Charles-Alfred-Chastel de Boinville（一八五〇—九七）。フランスの貴族の祖父は革命を逃れてイギリスに渡る。父はプロテスタントの牧師としてフランスに戻り、シャルル・ド・ボアンヴィルはリジウで生まれた。フランスで建築を学び、建築家として勤務するが、普仏戦争に従軍、捕虜となる。戦後一八七一年、父を追ってグラスゴーに行き、建築事務所に所属。雇用者から一八七二年東京に派遣され、工部省に勤務、印刷局、外務省などを設計した。一八八一年離日、ロンドンに建築家として落ち着く。

(24) 山県有朋。

(25) Émile Peyrussel（一八四一—?）。スパイ（旧フランス領北アフリカの原住民騎兵）士官。第一次フランス軍事顧問団のメンバーでもあり、当時は騎兵隊の副教官であった。

(26) フランス人A・ラプラスは上海でコックとして仕事をした後、一八六四年一〇月来日、かつての同僚と「コロニーホテル」を開設する。一八六七年に第一次フランス軍事顧問団が来日した時、最初の一〇日間当ホテルに宿泊した。その後、移転、改築し、「ルーブルホテル」と改称した。クレットマンの時代には山手六〇—六一番地で、ラプラス夫妻により経営されていた。

(27) ウェルギリウス作『アエネイス』（二、六五—六六）の一節をもじった表現。

(28) G. Fauconnet. 歩兵中尉。一八七五年一〇月に第二次フランス軍事顧問団のメンバーに任命され、一八七六年初め、来日した。「出羽屋敷」に居を構え、この場所をクレットマンは地図に印している。

(29) ピアストルは一六世紀にベネチア共和国で使用された通貨。フランスはレヴァント港での使用を許可し、その後オスマン帝国でも使用された。後には、フランスでは、スペイン、アメリカの銀貨を指すようになり、フランス領インドシナで通用した通貨となった。

(30) 新宿総鎮守（そうちんじゅ）として知られる熊野神社。一四〇三年、鈴木九郎某が紀州熊野大社の十二所権現の分霊を当地に勧請したのが始まりという。熊野十二所権現、十二所権現、十二社とも呼ばれ、十二社は当地一帯の俗称となった。隣接して、大小ふたつの池があり、江戸時代には江戸近郊の景勝地となり、池のほとりに御茶屋や料亭が数多く立ち並び、大層賑わっていた。明治時代以降、十二社池は淀橋浄水場となり、景勝地の面影は徐々に消えていった。淀橋浄水場はその後東京都庁をはじめとした高層建築街となるが、熊野神社は今なお存在している。

(31) ストーンウォール艦は日本海軍の草創期の甲鉄艦「東艦（あずまかん）」の旧名である。アメリカ合衆国の南部連合の発注により南北戦争中にフランスで建造され、一八六四年に竣工（しゅんこう）したが、アメリカ北部合衆国からクレームがつき引き渡し契約が破棄されてしまう。そこで、本艦はデンマークに売却されるが、デンマークには渡らず、南北戦争後アメリカが買い戻した。一八六七年、幕府は繋留中の本艦買い取りを約束、一八六八年四月、戊辰戦争中に横浜に入港する。しかし、アメリカ政府は局外中立を宣言し、戦争の決着がつくまで売却を保留した。結局アメリカは明治新政府を承認し、一八六九年一月、本艦は明治政府に購入された。同年二月、箱館五稜郭を中心に臨時政府を作って官軍に抵抗していた榎本武揚ら旧幕臣の討伐に向かい、南部領の宮古湾に碇泊していたところ、旧幕府艦隊に不意を突かれたが、暴風のため、この襲撃は失敗し、榎本軍は引き下がった。一八七二年、本艦は「東艦」と名を改めた。

(32) ストーンウォール艦は、その後佐賀の乱、台湾出兵に出勤、一八七四年、長崎港で台風により沈没。程なく引き揚げられ、横須賀海軍工廠で復旧修理が行われた。

(33) クレットマンは「大きい川」と呼んでいる。「大川」は隅田川の吾妻橋から下流の通称である。

(34) Joseph-Auguste Cros. 歩兵下士官。

(35) Jean-Henry Billet(一八五一―一九〇二)。サン・シール陸軍士官学校出身。歩兵士官。一八七五年夏、来日。

一八七六年三月

(1) J. Clateau. 元フランス海軍水兵。榎本武揚が率いる箱館政権を支援したジュール・ブリュネを追って旧幕府軍に加わり、官軍からストーンウォール艦を奪回するため宮古湾海戦に参加した。旧幕府軍敗戦後、日本に残り、築地外国人居留地でレストラン、ホテル、商店などを経営した。クレットマンによるクラトーの紹介は皮肉を交えての冷やかしである。

(2) Georges-Hilaire Bousquet(一八四六―一九三七)。弁護士。一八七二年来日、民法草案の策定をする。

(3) Alexandre-Etienne Bougouin(一八五一―一九〇六)。サン・シール陸軍士官学校出身。一八七〇年入学。歩兵士官。第二次フランス軍事顧問団解散後も日本に残留。まずフランス公使館付武官として、陸軍退役後はフランス商社の代表や仏新聞社の特派員などを務めた。一九〇五年五月一〇日、ロシアのスパイ容疑で捕らえられたが、一九〇六年七月、天皇の勅許により特赦され、フランスに帰国した。

（4）一八七三年、洋紙製造の「抄紙会社」が渋沢栄一らにより設立され、一八七五年一二月、王子工場が竣工した。一八七六年「抄紙会社」から「製紙会社」に、一八九三年一一月「王子製紙株式会社」と改名される。

（5）一八七一年、明治新政府の兵部省は板橋の旧加賀藩下屋敷跡地の一部を火薬工場用地として入手、一八七六年、板橋火薬製造所（後の東京第二陸軍造兵廠板橋工場）が操業を開始した。

（6）Fernand Pousset（?—一八九四）。幕府が当時のフランス公使レオン・ロッシュの助言により一八六五年に創設した横浜フランス語伝習所の教師をまず務めた。その後、明治新政府の御雇外国人として、多くの公立機関でフランス語を教えた。幼年学校もそのうちの一つで教頭を務めた。クレットマンは一八七六年夏、長崎で帰国途上のプーセ氏に再会。

（7）Félix-Frédéric-Georges Lebon（一八四五—一九二三）。エコール・ポリテクニック出身。一八六四年入学。一八七二年、第二次フランス軍事顧問団のメンバーとして来日。まず造兵司砲兵本廠で砲兵科長を務め、一八七三年には千葉県下志津原に佐倉藩が設置していた砲術演習場に目をつけ、陸軍砲兵射的学校を開設。射撃の的であった大土手山は現在ルボン山とも呼ばれている。なお、一九一二年、明治天皇の御大葬にはフランス特派大使として来日した。

（8） François Bouffier（一八三五—八一）。狩猟軍曹。第一次フランス軍事顧問団のメンバー。ジュール・ブリュネと榎本武揚が率いる旧幕府軍を支援したフランス軍人の一人。横浜で逝去。
（9） Auguste-René Angot. 下士官。後の駒場農学校（その後東京帝国大学に編入）で軍馬の獣医を養成。
（10） ジャック・オッフェンバック作曲のオペラ・ブッファ。一八六七年パリで初演。
（11） 横浜で発行されたフランス語の日刊紙。フランス国立図書館には一八七〇—八五年分が保管されている。
（12） 幼年学校は少年時から幹部将校を養成するために設けられた陸軍の全寮制の教育機関。一八七二年、陸軍兵学寮に設立、一八七五年、兵学寮より独立、陸軍幼年学校となる。一八七七年、陸軍士官学校に組み入れられた後、一時消滅した。その後、復活、廃止を繰り返した。一八七三年に幼年学校に入学した柴五郎（後の陸軍大将）は少年時代の記録を残し、その記録は『ある明治人の記録』として一九七一年に中央公論社より出版された。この記録を読むと、すべてフランス式であった初期の幼年学校の様子がよくわかる。授業はフランス人教師によりフランス語で行われ、食事はフランス料理であった。一八七五年、検閲使の報告をもとに、フランス式教育に終止符が打たれ、フランス人教師たちが解雇されていった。クレットマンが日本に着いた時は、ちょうど幼年学校のフランス人教師たちが帰国する頃で、彼らの日常調度品を中心としたオークションが開かれていた。
（13） 横浜に到着したマンザレ号は一月三〇日付のクレットマン宛の郵便物を数多く運んできた。

両親、弟、友人のノワジエル嬢、エドゥモンからの手紙、それにいろいろな雑誌。ヨーロッパからのニュースがたくさん届き、クレットマンはご機嫌であった（書簡第一一信、一八七六年三月二五日付）。

（14）Eugène-Gabriel Vouillement（一八四七―？）。［国立パリ］割引銀行横浜支店長。

（15）ライン川左岸にある南ドイツの町。

（16）石版石の表面に脂肪性インクで文字や絵を書き、水と脂肪の反発性を利用して印刷する。クレットマンの授業はフランス語で準備されたものが日本語に翻訳され、石版印刷されて生徒たちに配布された。これら講義録全一九科目はコレージュ・ド・フランス日本学高等研究所で保存されている。

一八七六年四月

（1）西欧五か国と一八五八年に締結された修好通商条約により、外国人は定められた居留地に居住し、そこから一〇里（約四〇キロメートル）以遠には旅行できないと定められた。しかし、一八七四年には「内地旅行規則」により、旅行目的が「健康保全」「学術調査」の場合は一〇里以内の遊歩区域を越えて旅行することが可能となった。ただ、その都度、日本政府発行のパスポート（内国旅券）が必要であった。

（2）ジャン・ド・ラ・フォンテーヌ『寓話』の「鴉と狐」からの一節。

（3）John Armor Bingham（一八一五―一九〇〇）。共和党下院議員。駐日アメリカ公使（一八七三―八五)。

(4) Harry Smith Parkes(一八二八―八五)。一三歳の時、姉を頼ってアヘン戦争下のマカオに渡る。一八五九年上海領事になるまで、清国におけるイギリス当局の外交事務に携わった。アロー号戦争(第二次アヘン戦争)に巻き込まれ、清国軍の捕虜となる。シャノワンヌとの出会いはこの頃である。一八六五年、駐日イギリス全権公使に任命され、一八年間日本に滞在。明治新政府の外交政策を支持したが、条約改正には反対した。一八八三年、清国公使に任命されるが、赴任先の北京で逝去した。

(5) Charles-Sulpice-Jules Chanoine(一八三五―一九一五)。サン・シール陸軍士官学校出身。一八六〇年、中国作戦に参加。一八六七年初め、第一次フランス軍事顧問団団長として来日するが、戊辰戦争勃発および徳川幕府崩壊のため、一八六八年四月離日。日本ではアジア北東部(ロシアと日本)および横浜近郊沿海図などの地図を作成した。

(6) Alessandro Fè d'Ostiani(一八二五―一九〇五)。駐日イタリア公使として一八七〇年から一八七七年まで日本に滞在した。この間、岩倉使節団に同行した。

(7) 当時、サンカンタンはフランス公使代理を務めていた。新公使となるフランソワ＝アンリ＝ルイ・ド・ジョフロワは一八七六年四月三〇日に任命され、翌年一八七七年四月二七日に来日する。

(8) Gustave-Émile Boissonade de Fontarabie(一八二五―一九一〇)。フランスの法学者。パリ大学講師。一八七三年、御雇外国人として来日。司法省顧問として刑法、治罪法、民法を起草したが、民法は施行されなかった。司法省法学校、明治法律学校で教鞭をとり、フランスの法律学および自然法思想を講じた。一八九五年帰国。

（9）横浜ガス工場は日本最初のガス工場で実業家高島嘉右衛門（一八三二―一九一四）により、フランス人技師のアンリ・ペルグラン（一八四一―八二）の協力を得て創設された。一八七二年に創業し、横浜の公道のガス灯にガスを供給した。ペルグランは来日する前、上海でガス事業を立ち上げており、その業績が買われて日本に招かれた。二年後一八七四年には東京のガス工場設置に協力し、一八七九年マラガに向け、離日した。一八八二年にハイチの砂糖製造工場の建設中に急死した。

（10）ペルグランはエコール・ポリテクニック出身ではなく、パリ中央工芸学校出身である。

（11）小田原までの旅の様子は書簡第一三信（一八七六年四月二二日付）で報告されている。――旅の一行は、クレットマンのほか、同僚のビエとブーグアン、ビエの料理人に私の小使い。それに日本食は口に合わないので、二五日分のパン、ワイン二四本、油脂類、鍋なども持参した。第一日目は人力車で東海道を通って小田原まで行く。途中、馬入川と酒匂川を渡ったが、これらの川は普段は三〇メートルほどの幅だが、雪解けの季節には一キロの幅に膨れ上がり、洪水を起こす。それを防ぐ方法は、一五〜二〇メートルの竹製の筒に大きな石を入れて積み上げて堤防を作るという幼稚なものだ。小田原では初めて宿屋に泊まった。着くとお茶と足を洗うための湯が入った桶のサービスを受けた。家は平屋建てで、廊下は土間になっており、部屋はそこから五〇センチ高くなったところにある。最初の部屋の中央に囲炉裏があり、そのまわりで人々は腹這いになっておしゃべりしたり、タバコを吸ったりしている。その他の部屋には畳が敷かれていて、靴を脱がなければならない。家具は何もなく、各部屋は襖で仕切られている。日本の家はたいへん清潔だが、布団に関しては皆が使うのであまり信頼できない。それで私たちはシーツを持参した。布団は敷布団が二枚、枕用に一枚、掛け布団一枚。かなり歩いたのでよく眠れた。また、小田原で初めて銭湯を見た。私は前から羞恥心というのは教育が作り上げるもので、生まれながらのものではないと思っていたが、日本の風習がはっきりそれを証明してくれた。ヨーロッパ人と同じように文明人の日本人が老若男女混ぜこぜに、人類の最初の祖先のように一糸も纏わず入浴している。ヨーロッパだったら、この光景は恐ろしいものと見なされるであろう。一人の女性は全裸で通りを横切り、向かい側の家に帰って行った。

(12) 小田原での宿泊については書簡第一三信（一八七六年四月二二日付）および第一四信（一八七六年五月一日付）参照。
(13) アルザス地方ボージュ山地の一地域。
(14) 小田原から川奈までの旅行については書簡第一四信（一八七六年五月一日付）参照。
(15) 「駕籠」については書簡第一四信（一八七六年五月一日付）で乗り心地の悪さを報告。
(16) 畑宿名主であった茗荷屋（みょうがや）の屋敷内の庭園。
(17) Ludovic de Beauvoir（Comte de）（一八四六—一九二二）。ブリュッセル生まれ。一九歳の時から世界一周旅行を始める。帰国後、一八六九年に『世界一周旅行——オーストラリア、ジャヴァ、シャム』（二冊）を刊行し、大成功を収める。一八七二年にはその続編『世界一周旅行――北京、江戸、サンフランシスコ』を出版した。クレットマンは、この馬の疾走のエピソードを「旅行記で事実を曲げて報告した」例として、書簡第一三信で批判している。

(18) これは、先に帰途についたブーグアンを見送りがてらの遠出であった。

(19) 十国（じっこく）峠と思われる。一〇ヶ国を望むことができることからこの名がつけられた。

(20) 千波地層大切断面のことであろうか？

(21) サン・ナポールとオトロットはともにボージュ山地の町である。サン・ナポールはボージュ県に、オトロットはアルザス地方バ・ラン県に所在する。オトロットは赤ワイン産地として知られ、サント・オディール山への登山口である。

(22) 一九〇九年より「元村」と改名。一九五五年、大島のほかの五か村と合併し、大島町となる。

(23) 気圧計。気圧は上空にいくほど低くなるので、この原理を利用して高度を概算することができる。クレットマンは旅行にバロメーターを持参したと思われる。

(24) 川奈から帰京までについては書簡第一五信（一八七六年五月一六日付）参照。

(25) ロシア皇帝アレクサンドル三世（一八四五―九四）。皇帝即位は一八八一年。

一八七六年五月

(1) 実のところ、明治天皇はこの日上野公園に臨幸した。寛永寺慈眼堂で休憩されたあと、庭内を一巡、陸海軍楽隊の演奏をお聴きになり、還御した（『明治天皇紀』第三、吉川弘文館、一九六九年、五九八―九九頁）。

（2）伏見宮邦家親王の皇子二人のことと思われる。兄の華頂宮博経（ひろつね）親王（一八五一―七六）は一八六八年華頂宮家を創設し、一八七〇年から一八七二年まで米国に留学、海軍で学び、帰国後海軍少将となる。一八七六年五月二四日薨去（こうきょ）。葬儀は五月三一日に行われた（一八七六年五月注21参照）。弟の伏見宮貞愛（さだなる）親王（一八五八―一九二三）は陸軍軍人。一八七五年、陸軍士官学校第一期生として入学した時は既に中尉であった。皇族として唯一、大正初期に内大臣となるほか、軍人として最高位の元帥陸軍大将に昇進した。一八八七年一月にパリを訪れた際にはクレットマンを夕食に招待している。クレットマン家にはこの晩餐会のメニューが保存されている。

（3）一八三〇年頃パリのモンマルトル生まれのいかさま軍人。父は靴修理工。まず大工となり、その後フランス第二帝政の軍楽隊の鼓手長（こしゅちょう）として入隊するが長く続かず、イタリア、ポーランド、シャムの軍隊を転々として活躍、シャムでは国王近衛師団の総司令官となる。この称号ゆえに、ガンベッタに注目され、一八七一年一月一一日付政令で大尉となる。パリ・コミューンではモンマルトル要塞司令官に任命されるも、ヴェルサイユ政府と結託していたとして、死刑を宣告されるが、姿をくらまし、処刑されていない。その後、スペイン、サント・ドミンゴなどに出没し、シャムに戻ったとの説もある。

（4）Jules-Gabriel-Claude Favre（一八〇九―八〇）。弁護士で政治家。徹底した共和国支持者。第二帝政では反対派。一八七一年二月から八月まで、つまりパリ・コミューン下では外務大臣であった。

（5）Arthur Fortant（一八三四―?）。砲兵下士官。第一次フランス軍事顧問団のメンバー。箱館戦争ではジュール・ブリュネに合流、その後ブフィエ同様、日本に留まった。

（6）E. Vincienne または Viciennes. 幼年学校フランス語教師。一八七七年八月二六日正午逝去。クレットマンはこの日の日記に「正午に、ヴァンサンヌ氏が、ほとんど私に抱かれて死去した」と記している。

（7）当時横浜にあった競売専門の商会。

（8）原文では、この会話は、英語、ラテン語、日本語を取り混ぜて書かれている。「二度目のキスは快い。神は奇数を好む」はラテン語の格言をもじっている。

（9）蓬萊社は、後藤象二郎らにより、一八七三年創業、金融・為替（かわせ）業、製糖業、製糸業、鉱山、海運業など幅広く業務を手がけたが、経営不振で一八七六年八月に倒産した。西洋風の蓬萊社ビルはアメリカの建築家ブリジェンスの設計により、一八七二―七三年に鹿島建設の創業者鹿島岩吉によって施工された。蓬萊社倒産後は第十五国立銀行（一八七七年五月開業）がここに居を構えた。当ビルは一八九二年に取り壊された。

（10）Lompré. まず少尉であったが、日本在任中に中尉に昇進した。教導団騎兵隊に勤務した。

（11）Karl von Struve（一八三五―一九〇七）。一八七四年より東京でロシアの外交官の職についていたが、一八七六年駐日ロシア全権公使となった。一八七八年、駐米公使に任命され、離日した。

（12）原文には「横浜」とは明記されていないが、文脈から「横浜」とわかる。クレットマンは書簡第一六信(一八七六年五月二二日付)で横浜の山手の描写をしている。——横浜の競馬場はミシシッピ湾の奥の台地にある。横浜には北は横浜湾に、南はミシシッピ湾に臨んだ半島があり、中央に小高い丘が連なっている。そこを、英語で bluffe, フランス語では montagne(山手)と呼んでいる。丘の斜面には自然の中に綺麗な家が点在している。

(13) James Favre-Brandt(一八四一—一九二三)。スイスの貿易商。一八六三年、エメ・アンベールが率いるスイス遣日使節団のメンバーとして来日。以後、死去するまで横浜に定住した。輸入商として、時計をはじめ、科学用具や武器を取り扱った。

(14) 一八五三年、ペリー提督が江戸湾の浦賀沖に来航した折、一帯の海岸の地理的測量を行い、要地に彼らなりの名称を与えた。例えば、本牧岬は日本にペリー提督を派遣した米国大統領フィルモアの名をとって「フィルモア岬」と名づけたが、一年後、日米和親条約締結後は「条約岬」となり、ペリー艦隊の艦船の「ミシシッピ艦」にちなんで、根岸湾は「ミシシッピ湾」と名づけられた。これらの名称は外国人によってその後も使用された。

(15) ガエターノ・ドニゼッティ作曲のオペラ『ランメルモールのルチア』(一八三五年、ナポリで初演)のフランス語版。一八三九年パリで初演。

(16) シャルル・ルコック作曲のオペラ・ブッファ『ジロフル゠ジロフィア』(三幕)。一八七四年ブリュッセルで初演。

(17) 大山巌(一八四二—一九一六)。薩摩藩出身。西郷隆盛の従弟。西南戦争では政府軍の別働第一旅団司令長官として出征し、従兄西郷隆盛と対戦した。その前に、一八七〇年にヨーロッパに留学、普仏戦争をプロシア側から観測、二度目のヨーロッパ滞在（一八七一―七四）では、主にスイスとフランスで軍政および砲術を学んだ。帰朝後、陸軍少将として陸軍卿山県有朋を補佐し、陸軍建設の事業に当たる。

(18) 野津鎮雄（一八三五―八〇）。薩摩藩出身。維新後、兵務省に出仕。一八七二年陸軍少将に昇進。佐賀の乱の鎮圧に尽くした。一八七六年東京鎮台司令長官となる。西南戦争では、征討第一旅団司令長官。一八七八年中将となる。

(19) 千葉県下志津（しもしづ）原砲兵演習場。佐倉藩は、一八四〇年、下志津村（六方野原）に西洋式砲兵演習場を設置。一八七三年、ルボン大尉はこの地に長さ二キロ、幅三〇〇メートルの射撃演習場を建設した。クレットマンはルボン大尉に招待されて、三日間演習場を訪れる。この訪問については書簡第一七信（一八七六年六月一〇日付）参照。

(20) フランスの中央、サントル＝ロワール地方の都市。かつてのベリー地方の中心地。

(21) 華頂宮博経親王（一八五一―七六）。五月二四日薨去。伏見宮邦家親王第一二皇子。一八六〇年、孝明天皇および徳川家茂の猶子（ゆうし）となる。同年、親王宣下を受ける。一八六八年華頂宮家創設。一八七〇―七二年、アメリカに留学、海軍で学ぶ。一八七六年五月一三日、海軍少将に任命される。一八七六年五月注2参照。

一八七六年六月・七月

(1) 明治天皇は六月二日から七月二〇日まで日光、仙台、函館など東北地方を巡幸した。

（2）投扇興（とうせんきょう）（扇落とし、投げ扇）。江戸時代に始まった室内遊戯。台の上に銀杏型の的を置き、離れた場所から開いた扇を投げて的を打ち落とす。その落ち方や扇の開き具合によって技の優劣を競った。

（3）賓頭盧（びんずる）。十六羅漢の第一。この像の病人が患っている箇所と同じ部分を撫でると病気が治るとされた。

（4）この閲兵式は朝鮮使節団を迎え、午前六時から正午まで行われた。この件については書簡第一七信（一八七六年六月一〇日付）に詳しい。

（5）ジャック・オッフェンバック作曲のオペラ・ブッファ。一八六八年パリで初演。

（6）明治天皇第二皇女梅宮薫子（うめみやしげこ）内親王。一八七五年一月二一日生まれ。一八七六年六月八日薨去。明治天皇は悲報を日光馬返村の小休所に届いた電報により知った。『明治天皇紀』には六月一六日に霊祭があったと記されている。クレットマンは一六日の日付を書き忘れている。

（7）一八七二年に横浜でガス事業が始まった二年後、一八七四年、東京会議所は横浜と同じようにフランスの技師ペルグランを雇い入れ、ガス事業を興した。ガス工場は芝離宮のすぐ隣地の芝金杉橋に建てられ、京橋までガス灯が点灯された。現在、当地には東京ガスの本社がある。

（8）フランス中部シェール県の都市。耐熱性粘土を利用して、一八一六年より磁器が製造されていたが、第二次世界大戦後衰え、一九九七年には最後の工場が閉鎖された。

（9）Henri-Marie Chalvet（一八五一―？）。砲兵士官。エコール・ポリテクニック出身。ルイ・クレットマンと同期（一八七〇年入学。クレットマンは普仏戦争のため一八七一年に入学したが、一八七〇年度の入学生として編入された。解説参照）。

(10)　廃刀令は一八七六年三月に公布された。

(11)　Auguste-Joseph Veron（一八一九―一九〇一）。一八七五年から七八年まで、東シナ海、日本海の海軍派遣小艦隊を統率する海軍少将であった。

(12)　ジュゼッペ・ヴェルディ作曲のオペラ。一八五九年ローマで初演。この晩のオペラの夕べについては書簡第二〇信（一八七六年七月二五日付）参照。

(13)　この年の両国川開きの様子は書簡第二〇信で語られている。――隅田川での舟遊びの解禁初日の夜、多くの江戸町民が集まって宵の祭典が催される。一〇〇〇隻近い屋台舟やいろいろな色の提灯、イルミネーションで飾られた河岸の家々、その光景は夢幻的である。すべての橋から花火が打ち上げられた。私たちは屋台舟を借り切り、江戸を流れる運河から乗り込んだが、遠すぎて会場まで一時間もかかってしまった。屋台舟には料理が用意され、三味線奏者や芸者も同船していた。とても楽しい夜会であったが夕立のため中断され、ずぶ濡れになって帰宅した。

(14)　明治天皇は東北地方巡幸より、青森から函館を経由して横浜まで灯台巡視の汽船「明治丸」で還幸した。はじめ、七月二〇日午前横浜到着、直ちに東京に還幸の予定であったが、荒天のため、横浜には夜八時に入港、その晩は伊勢山離宮に泊まった。東京には翌日二一日午前、鉄道にて還幸した（『明治天皇紀』）。なお、横浜到着の七月二〇日は、一九四一年「海の記念日」に制定され、一九九六年「海の日」として祝日となったが、祝日法改正により二〇〇三年から七月の第三月曜日が「海の日」となった。
(15) 原文は英語の文章をギリシャ語文字で綴っている。
(16) H. Lasserre. 乗馬隊の軍曹。
(17) 聖アンナの祭日は、カトリック聖人暦では七月二六日、ギリシャ正教会では七月二五日である。
(18) 保科正敬（まさたか）（俊太郎、一八四二―八三）。当時、士官学校の学校次長であった。横浜仏語伝習所でフランス語を学び、一八六七年、パリ万国博に派遣された徳川昭武一行に通訳として随行し、ナポレオン三世との謁見に臨席、通訳を務めた。

一八七六年八月・九月

(1) 体調を崩して、思うようにいかなかった長崎への旅行、特に長崎見物の様子は書簡第二三信（一八七六年九月六日付）で報告されている。「長崎湾はナポリよりも美しい。背後の山々は緑で覆われ、清潔で悪臭もない」。長崎では、海軍造船所や高島炭鉱も訪れている。
(2) さくらんぼを原料としたブランデー。アルザス地方の名産品である。このキルシュはクレットマンの家族から送られてきたものである（書簡第二四信、一八七六年九月二〇日付参照）。
(3) この件については書簡第二五信（一八七六年九月三〇日付）に詳細が語られている。

一八七六年一〇月・一一月

（1）この日の火事および愛犬の失踪については書簡第二六信（一八七六年一〇月一〇日付）参照。

（2）多くの男女の名前を小さな紙片に書いてひねり、出まかせに結び合わせて占う遊女の遊び（クレットマンコレクションに写真がある）。

（3）太田徳三郎（一八四九―一九〇四）。安芸広島藩士。一八六九年、明治新政府によりスイスに留学。その後、フォンテーヌブローの砲兵学校を経てエコール・ポリテクニックで学ぶ。一八七五年帰国、一八七七年砲兵大尉となる。一八八六―八七年再度滞欧。一八九〇年、大阪砲兵工廠長となる。

（4）千葉県習志野原で行われた野戦演習に参加し、一一月二七日に帰京。

（5）ウェルギリウス作『牧歌』（第一歌、六）から deus nobis hæc otia fecit.（神は我々にこの休養をもたらしてくれた）をもじったもの。クレットマンはラテン語で筆記している。

（6）ネズミの被害については二通の書簡で報告されている。まず、第二六信（一八七六年一〇月一〇日付）で東京での被害について、次いで第二八信（一八七六年一一月一日付）では野戦演習場の宿舎でのネズミ騒動につき語られている。――東京では猫を飼いはじめた。日本の猫には尻尾がない。毎晩頭の上で跳ね回るネズミを捕ってくれるとよい。松平出羽守の旧邸にあるフォコネ宅では、天井に穴を開けて、円卓に置いてある漆器をかじり、ナイトテーブルの上の蠟燭を食べてしまう。野戦演習場の宿舎ではもっとひどく、農家の猫などちっとも恐れず、藁葺きの屋根に住みついて、米、油、芋などを狙ってくる。特に食堂を構え、食料品を貯蔵している家では毎晩耐え難い騒音を立てて騒ぎまくる。そこで、二人の同僚が棍棒を持ってネズミを追い払う有様である。横浜で買ったネズミ捕りを持ってきたが、一度しか効果がない。二度目からは、ネズミは脇を通ってくるのだ。私は一人住まいで食堂もないので、比較的被害は少ないが、それでも長枕や頭の上をかすめて行った。ネズミは怖くないが、あまり気持ちのよいものではない。そこで、自らうるさい音を立てて、ネズミの騒音を食い止めた。

(7) トマ氏については書簡第三一信(一八七六年一二月一七日付)で紹介されている。

(8) 一八七六年一〇月二四〜二五日に太田黒伴雄、加屋霽堅(はるかた)ら保守派士族の反乱「神風連(じんぷうれん)の乱」が起こり、熊本鎮台司令官種田政明、県令安岡良亮(よしすけ)が殺害された。しかし、鎮台兵によって反撃され、太田黒、加屋は戦死、その他は自刃、または逮捕された。この反乱に呼応して、一〇月二七日には秋月藩(福岡県)の旧藩士が決起(秋月の乱)、翌二八日には萩の乱(山口県)と、明治新政府に不満をもつ士族の反乱が次々と起こったが、いずれも鎮圧された。

(9) 思案橋事件のことと思われる。一八七六年一〇月二九日、萩の乱に呼応して、旧会津藩士永岡久茂らは東京思案橋から船で千葉に向け出航しようとしていたところ、不審に思った者の通報により駆けつけた警官たちとの斬り合いの末、逮捕され、計画は失敗に終わった。永岡らの計画は、まず千葉県庁を襲撃、その後、佐倉の東京鎮台歩兵第二連隊を説得し、挙兵する予定であった。

(10) この鴨猟については書簡第二九信(一八七六年一一月二一日付)に詳しい報告がある。クレットマンにとって初めての狩の体験。——先週の週末、ジュールダン大尉と臼井の湖(印旛沼)に狩に出かけた。ジュールダン大尉の小使いが人力車で先発し、荷物を運び、御茶屋の予約をして準備した。私たちは乗馬で行き、二時頃到着。湖は鴨、コガモ、アビ科の水鳥などで溢れていたが、これらの水鳥に近づくのは非常に難しい。三時頃から本格的に狩を始める。四時半頃、湖の突端に着く。湖は臼井から見た印象よりずっと大きい。狩に夢中になり、雷雨が近づいてくるのに気がつかず、気がついた時は遅すぎた。二人の船頭は必死に船を漕いだが、間もなく船は雷雨の真っ只中、そのうち浸水、すぐ近くの水中に落雷。あたりは真っ暗で何も見えず、船頭は遠くに見えた明かりをめざしてまっしぐらに漕いでいった。この明かりは陸地から一〇〇メートルくらい離れたところに停留していた漁船のものだった。陸に這い上がり近くの掘立小屋でずぶ濡れの衣服を乾かした。掘立小屋には暖炉はなく、竹を焚いてくれた。煙と魚の臭いには耐えられなかった。住民たちは提灯と二つの大きな傘を提供してくれ、強風と戦いながら、二キロメートル離れた臼井の御茶屋に戻った。御茶屋では歓待され、伊豆を旅行した時の韮山での一夜を思い出した。翌日は六時から狩を始め、それぞれ四羽ずつの獲物を得て、日没前に野戦演習場に戻った。

(11)　この日の天覧については『明治天皇紀』第三、七二七―二八頁に概要が記載されている。――午前中は馬術競技、午後は甲乙軍の対抗演習を披露した。対抗演習では、乙軍は退軍する師団の後衛隊として堡塁や塹壕を築き、甲軍の攻撃から守り、退軍を完全に果たすように努める。「両軍交々銃砲を発し、或は騎兵の衝突するあり、或は地雷火の爆発するあり、一進一退、黒煙天を蔽ふ」。

(12)　ジャック・オッフェンバック作曲のオペレッタ。一八六九年パリで初演。

（13）明治時代における最も大きな火事の一つについては、まず書簡第三一信（一八七六年一二月一七日付）で、次いで第三二信（一八七六年一二月二五日付）で報告されている。第三一信では追伸で、二週間前大火があり、ストラスブールの広さに相当する面積が焼滅してしまったことが簡単に記されている。第三二信では、――シャルヴェとこの大火の焼け跡を見に行ったところ、もう再建が始まっており、日本人が災害から立ち直る活力にシャルヴェは驚いていた。今回の火事は一八五五年の大地震以来最大の災厄で、公式発表では九四〇〇戸が焼失したという。ストラスブールの広さの焼け野原には土蔵の倉のみが点々と焼け残っていた。死傷者も多く、なかでも石造の交番で二七人が焼死した。窓に鉄格子がはめられていたからだ。このような惨事は度々起こるのに、東京市は建築様式を変えるよう市民に働きかけない。石材が不足しているなら、煉瓦を使うとよい。横須賀造船所では煉瓦製造を日本に導入している。

（14）Alfred Galopin（一八五二―一九三二）。エコール・ポリテクニック出身。一八七一年入学。工兵士官。

一八七六年一二月

（1）D. Thomas. 一八三〇年生まれ。フランスの絹製造業者。一八七六年、蚕種製造者として日本に赴く。

一八七七年一月

（1）この朝賀（朝拝）について、『明治天皇紀』（第四、二頁）では、「其の儀去歳に同じ」とある。
（2）一八七三年の失火による西の丸御殿の火災後、一八八八年まで赤坂の旧徳川紀州家（徳川御三家の一）の上屋敷が仮皇居となった。新宮殿造営は政府により上奏されたものの国内整備が先決との明治天皇の意向によりしばらく見送られた。新宮殿は西の丸御殿跡に再建され、一八八四年に着工、完成したのは一八八八年である。
（3）イギリス系総合商社、百貨店。
（4）スティルフィールドはオーストリア人写真家。一八七四年、アンデルセンと日本写真社を興した。この火災で建物は焼失したが、ガラス乾板（ネガ）は救い出された。二週間後にはグランドホテル隣の海岸通一七番地にスタジオを再建している。また、火災直後、フェリーチェ・ベアトの写真とネガを含む全資産を購入した。一八八五年にはファルサーリに写真館を売却した。
（5）イギリス系書店、出版社。
（6）明治天皇は一八七七年一月二四日から七月三〇日まで関西に巡幸された。横浜から神戸まで船で往復された。

一八七七年二月

（1）この火災については書簡第三四信（一八七七年二月一〇日付）参照。『明治天皇紀』（第四、三三頁）には、「午後一時、外務省外国人接待所暖炉より火を失して、同省全焼す、幸に書類は悉く其の難を免る」と記されている。なお、外務省は福岡藩黒田家上屋敷跡に設置された。

(2) 曾我祐準（すけのり）（一八四四—一九三五）。当時の陸軍士官学校長。

(3) 建国記念の日。

(4) 西南戦争のこと。

(5) フランスは普仏戦争に敗れ、一八七〇年九月一八日以降、パリはプロイセン軍に攻囲された。フランス臨時政府は一八七一年一月二八日、講和条約に署名し、議会も翌月批准した。パリ市民はこの条約の内容に憤怒し、臨時政府との間の溝が深まった。また、この条約により、国民軍は武器を保持し、パリ市民の寄付金によって製造された大砲の管理を任されたが、パリ市民は大砲は自分たちのものと考えていた。政府は何度か大砲をパリ市民から力ずくで奪おうと試みたが失敗した。三月一八日、ティエールの率いる臨時政府は大がかりな大砲強奪の計画を立てたが失敗し、二人のジェネラルが捕らえられ、ティエールはヴェルサイユに逃げ去った。こうして、パリ・コミューンが始まったのである。クレットマンは、武器の引き渡しをめぐって中央政府と反乱軍が衝突し、内乱が起こるきっかけになった点に西南戦争とパリ・コミューンの発端の類似点を見出している。

(6) 戊辰戦争のことであろうか？

(7) 両は江戸時代の通貨単位。明治政府の新貨条例（一八七一年）で貨幣単位を円に改め、一両を一円と定めた。しかし、明治時代には相変わらず「両」が「円」の代わりに俗称として用いられた。

（8）クレットマンの契約更新については、解説参照。

一八七七年三月

（1）ウェルギリウス作『アエネーイス』の主人公アエネアスの親友。信義に厚い友人を指す。
（2）江戸幕府は一八六五年、フランスの技師レオンス・ヴェルニー（一八三七―一九〇八）を招き、横須賀製鉄所を開設。幕府崩壊後は明治政府が引継ぎ、一八七一年、横須賀造船所と改称し、多くの軍艦を製造した。第二次世界大戦後は在日米軍の基地となっている。
（3）Jules Claude César Thibaudier（一八三九―一九一八）、Adolph François Dupont（一八四〇―一九〇七）。両人ともエコール・ポリテクニック出身（ティボディエ一八五八年入学、デュポン一八五九年入学）。ティボディエは副所長として一八六九年来日。両人は、ヴェルニーをはじめフランス人スタッフが離日した後も横須賀に留まったが、ティボディエも一八七七年四月に帰国する。
（4）天城艦は日清戦争および日露戦争で活躍した。
（5）一八六六年に横須賀で造船された三〇馬力の船。当時、横浜と横須賀間の航路に使用された。
（6）有栖川宮熾仁（たるひと）親王（一八三五―九五）、有栖川宮威仁（たけひと）親王（一八六二―一九一三）。有栖川宮家は四親王家の一。一九一三年威仁親王の逝去により廃絶。
（7）関西旅行の横浜から中山までの旅の様子は書簡第三七信（一八七七年四月一〇日付）で語られている。――三月二六日横浜を発ち、名護屋丸にて航路、神戸に向かう。船は既にほとんど満員であったが、出発直前に動員された兵士約一〇〇〇人が乗り込んできて、出発は三時間遅れ、部屋の外にも出られない有様であった。海も結構荒れていて船酔い者もいて、臭いと混雑で不愉快な旅であった。それでも二八日無事に神戸到着。神戸ではイギリス人経営の兵庫ホテルに泊まる。一泊一七・五ドルと高く、お勧めできない。翌日早朝、有馬に向け出発。日本でも有名な含鉄温泉地である。神戸の東約七里の山中にあり、狭い渓谷を登っていくが風光明媚な道のりである。有馬は木が生い茂った険しい山に囲まれており、夕食前にその一つに登った。頂上からの眺めは素晴らしかった。下山後、ミカドが入浴されたという縦五メートル、幅三・五メートル、深さ一・三メートルの木製の湯槽に浸かった。湯は濃い茶色で、下着に茶色のシミがついてしまった。翌朝、大阪から京都に鉄道で行くため、約一〇里の道のりを大阪までかけつけた。多くの谷間を通り、風景は素晴らしかったが道路の状態は悪く、特に村の道は幅が狭く、人力車から降りて、車を押さなければならなかった。生瀬（なまぜ）で突然平野に出る。その先はオレンジや椿が咲き、土地は肥沃でよく耕作されている。脇道にそれて、中山寺を訪れた。

（8）中山寺。西国三十三所第二四番札所。安産・子授かり祈願の霊場として知られ、皇室、武家、庶民に深く信仰されてきた。明治天皇の生母中山慶子が明治天皇を出産する時、安産祈願をして無事出産されたことから、明治天皇の勅願寺となった。

（9）池田から京都到着までについては、書簡第三九信（一八七七年五月二日付）参照。

（10）関西の鉄道は一八七四年五月、大阪・神戸間が開通し、一八七七年二月に大阪・京都間が開通した。クレットマンらは開通間もない大阪・京都間の鉄道を利用したことになる。

(11) 黒谷までの京都見物については、書簡第四〇信（一八七七年五月三〇日付）参照。
(12) ここから清水寺までの京都見物については、書簡第四一信（一八七七年六月一二日付）参照。
(13) 当廟は一八六七年、火災に遭い、その後間もなく再建が始められたが、完成するのは一九一〇年である。
(14) 大宮御所。庭園は隣接する仙洞御所と思われる。
(15) 法観寺八坂の塔のことと思われる。当寺は六世紀末聖徳太子によって創建されたという。境内は狭く、五重塔以外に目立った建物がなく、東山界隈にそびえたつ八坂の塔のみが知られている。現在の塔は一四三六年焼失後、一四四〇年に再建されたものである。初層内部には五智如来が安置されている。
(16) 舞子及び陶磁器窯元、京都の工芸品の工房については、書簡第四二信（一八七七年六月二六日付）参照。

一八七七年四月

(1) 二条城二の丸は一八七一年から一八八五年まで京都府庁として使用された。
(2) 二条城から金閣寺までの京都見物については、書簡第四四信（一八七七年七月一一日付）参照。関西旅行の家族への報告はここで途切れている。
(3) 原文には Imazu と書かれているが、岩倉使節団に同行して僧侶として初めて渡欧した島地黙雷（一八三八―一九一一）ではないかと思われる。島地は執行長であった。当時の門主は大谷光尊（一八五〇―一九〇三）である。

（4）豊臣秀吉が建造した聚楽第の遺構といわれる飛雲閣のことと思われる。

（5）東本願寺の御影堂と阿弥陀堂は一八六四年、禁門の変（蛤御門の変）で焼失。現在の堂宇は一八八〇年起工、一八九五年完成したものである。クレットマンが訪れた時は仮の御堂を使用していたのであろうか。

（6）南座のことか。

（7）豊臣秀吉は一五八六年、京都に大仏建立を計画、準備を始めたが、工事は一時中断され、一五八八年に再開された。この大仏建立は同年発令された刀狩令の口実に使われた。つまり、取り上げた刀剣は大仏の釘や鎹（かすがい）に使用されるので農民は来世まで救われるというのである。工事は遅れ、それを取戻すため、大仏の材質を金銅から漆喰（しっくい）木像に変え、一五九五年大仏殿もほぼ完成した。しかし、この年七月に大地震があり、大仏は大破した。そこで大仏開眼供養は大仏が無いまま、秀吉の死後四日後の一五九八年八月二二日に行われた。父の遺志を継いだ息子秀頼は大仏復興を試み、まず銅製で再建したが一六〇四年に火災で焼失、一六〇八年に新たに再建が企画され、一六一二年に銅製の大仏が完成した。しかし、鐘銘事件（次注参照）のため大坂冬の陣が勃発、秀頼は開眼供養を待たず、一六一五年大坂夏の陣で自害した。この大仏は一六六二年の地震で倒壊し、木造で作り直されたが、一七九八年落雷のため焼失。天保年間に肩から上の木造の大仏と仮殿を造営、クレットマンが目にしたのはこの大仏である。しかし、この大仏も一九七三年の火災で灰塵に帰した。

（8）方広寺梵鐘は豊臣秀頼により一六一四年に完成したが、徳川家康から鐘銘の「国家安康」「君臣豊楽」の二句につき、「家康」の二字を「安」を入れて切り離し、「豊臣を君として楽しむ」という底意が隠されていると難癖が付けられた。この方広寺鐘銘事件は大坂冬の陣の引き金となり、一六一五年大坂夏の陣で淀君と秀頼が自刃し、豊臣家の滅亡を招くことになる。鐘楼は、一八七〇年、廃仏毀釈により、寺地がかなりの部分上知となった時に取り壊され、一八八四年に再建されるまで鐘は露天に野ざらしとなっていた。クレットマンが訪れた時、野ざらしの鐘の上で子供たちが遊んでいて、それを「猿の家族」とふざけてよんでいる（写真参照）。

（9）東福寺は一八八一年の火災で方丈、法堂、仏殿などを焼失し、高さ一五メートルの本尊釈迦大像は片手を残しただけで脇侍とともに灰塵に帰してしまった。

（10）豊後橋は、豊後国主大友氏が豊臣秀吉に命じられて架橋したのでこの名がつけられたといわれる。江戸時代には八回架橋や修理を繰り返し、一八六八年鳥羽伏見の戦いで焼け落ちた。一八七三年再建され、観月橋と名づけられ、現在ではこの名称が使われている。

（11）明治天皇は滞在先の京都から、大阪の病院に収容されていた西南戦争負傷者を見舞われた。

（12）東大寺大仏殿は一五六七年一〇月、三好・松永の乱で焼失し、一八世紀初頭に再建されるまで大仏は露仏となっていた。一七〇九年に落慶供養された大仏殿は建築当初より多くの狂いがあり、二世紀の間、地震や暴風雨のため崩壊の危険が大きくなっていき、全面的に大修理が必要であった。しかし、廃仏毀釈のため、そのための資金はなく、大屋根を突っかい棒で支え、荒廃にまかせるよりほかに術がなかったが、多くの苦難を克服し、ヨーロッパの近代ブリッジ工法を導入して大修理を行うことになり、一八九八年に工事開始、一九一五年五月に落慶供養が行われた。

(13) 鶯塚古墳。清少納言の『枕草子』にある「みささぎはうぐひすのみささぎ、かしはぎのみささぎ、あめのみささぎ」のうちの「うぐひすの陵」とされている。かつては仁徳天皇皇后磐之(いわのひ)姫命(めのみこと)の陵と伝えられ、一七三三年に「鶯陵」の顕彰碑が建てられた。

(14) 河内は国名であり、ここでは適さない。古来、交通の要衝である国豊橋があるところから、柏原(かしわら)を指していると思われる。

(15) 大阪府八尾(やお)市にある曹洞宗の寺院。河内西国第十七番霊場。

(16) 大阪府庁舎は一八七四年に建設された。最初の設計はキンダー(またはキンダーソン)によるものといわれている。レンガ造り、仕上げ面は石材を用いている。

(17) 造幣寮はイギリス人ウォートルスの設計により建てられ、一八七一年に開業した。当時造幣寮応接所であった泉布観は現存する。なお、旧淀川左岸ではなく右岸にある。

(18) 大阪城は、明治新政府が城内を陸軍用地に転用し、大坂砲兵工廠が設置され、大阪鎮台もここに置かれた。

(19) 大坂居留地(大坂川口居留地)は、安治(あじ)川と木津川の分流点に置かれていた幕府の船番所と大坂御船手の跡地に一八六八年から九九年まで設けられた。この居留地設置に伴い、近くの木津川と尻無(しりなし)川との分流点に、大坂市中に散在していた非公認の遊所を集め、一八六九年松島遊郭が成立し、一九五七年の売春防止法施行まで続いた。

（20）秋元盛之（一八五四―？）。

（21）クレットマンは両親宛の手紙で、関西旅行から帰京すると、士官学校は全くからっぽで、幼年学校の生徒を繰り上げ入学させた、と報告している。また、当時幼年学校生であった柴五郎は、「士官学校生徒全員、隊付となりたるため、その補充に幼年学校生徒を選抜くりあげ入校せしむることとなれり」と記している（『ある明治人の記録』、一一七頁）。

（22）Romanovich Rosen（一八四七―一九二一）。カール・フォン・ストゥルーヴ公使の後任公使となる。

（23）Stephane Mangeot と Gustave H. Berson（?―一九三二）は一八七七年に開学された東京帝国大学数学、物理、天文学の五人の教授のうちの二人。マンジョは一八七九年まで、ベルソンは一八八〇年まで教鞭をとった。なお、ベルソンはエコール・ノルマル・シュペリユール（高等師範学校）出身（一八七二年入学）。

（24）武田成章（一八二七―八〇）。旧幕臣。緒方洪庵や佐久間象山らから洋学を学ぶ。箱館奉行所詰めとして一〇年間函館に滞在。弁天台場や五稜郭の設計、建設に携わった。明治維新後は新政府に出仕し、日本軍の近代兵制、装備など科学技術面での指導者となり、陸軍士官学校教授、陸軍幼年学校初代校長などを務めた。一八七四年陸軍大佐となる。明治維新までの名は斐三郎。

（25）Abel Jean-Louis Guérineau（一八四一―一九二九）。建築家。日本政府に現地採用され、陸軍士官学校でデッサンを教授した。一八八九年に *Ornements japonais*（『日本の文様』）を出版。

（26）Charles de Montherot（一八五二―一九三〇）。外交官。一八七七年二月末または三月上旬来日。後にルイ・クレットマン夫人となるケイト・ブラン Kate (Catherine) Blanc（一八五三―一九三〇、一八七九年に結婚）の従兄。

［一八七七年］五月・六月・七月

（1）英照皇太后（九条夙子、一八三五―九七）、孝明天皇女御。「右大臣岩倉具視、東京市内の不振を憂ひ、太政大臣三条実美に告ぐるに、是の際切めて皇太后の還啓を仰ぐを得ば、市民大に安堵すべきを以てす、［中略］二十二日神奈川より汽車に乗じて、午後五時青山御所に還啓あらせらる」（『明治天皇紀』第四、一七二―七三頁）。

（2）中山慶子（一八三六―一九〇七）。孝明天皇の典侍。権大納言中山忠能の次女。東京遷都に伴い、一八七二年、日比谷門外有楽町に住宅を賜る。

（3）Félix Evrard（一八四四―八九）。一八六七年、パリ海外伝道協会で叙階を受け、同年来日、そのまま終生日本に滞在。フランス公使館に勤め、*Cours de la langue japonaise en 60 leçons* を一八七四年横浜で出版。

（4）井田譲（一八三八―八九）。陸軍少将。西南戦争に出征した山県有朋の代理として陸軍卿代理となる。一八八一年から一八八三年まで在仏日本全権公使としてフランスに滞在。

（5）François-Joseph Ducros（一八三三―?）。陸軍伍長。陸軍戸山学校で体操とフェンシングを教えていた。来日前にはサン・シール陸軍士官学校で体操の指導官を務めており、一八七七年帰国後、復職した。

（6）メコン号は一八七七年六月一七日、ガルダフィ岬で座礁した。

（7）国立パリ割引銀行は一八四八年に創設され、一八六〇年、初の外国支店を上海に開き、一八六七年には横浜支店を、ロンドンやアレクサンドリアに先がけて開店した。

（8）京焼の陶家およびその製品の名。一七世紀半ば、初代小林源右衛門が京都粟田口に開窯。三代目の喜兵衛の時「錦光山」と号し、六代目から錦光山を姓とした。明治政府は殖産興業の一環として工芸品の海外紹介を奨励したが、六代目錦光山宗兵衛（一八二三―八四）は一八七三年のウィーン博覧会に出品、海外輸出を手がけ、息子の七代目宗兵衛（一八六八―一九二七）がそれを引継ぎ、陶磁器輸出を発展させた。また当時の薩摩焼の流行に従い、薩摩焼と同じ色絵金襴手（いろえきんらんで）を作り、粟田焼は「京薩摩」と呼ばれ、海外でも賞讃された。クレットマンは春に京都を訪れた時、錦光山で磁器を注文したと思われる。

（9）Raymond-Adolphe Séré de Rivières（一八一五―九五）。陸軍大将。普仏戦争後、新システムを応用した要塞を多く建設し、一七世紀の築城家ボーバンにあやかり、「一九世紀のボーバン」と呼ばれている。ド・リヴィエールは一八七四年からフランス陸軍省工兵局長を務めており、クレットマンの昇級の重要な鍵を握っていたようだ。

（10）クレットマンは前年同様両国川開きを参観したが、その様子は書簡第四五信（一八七七年七月二五日付）で語られている。――今年の祭りは昨年より地味であった。多くの重要人物が天皇の御伴で京都に、また戦地に召集されているからであろう。今年も屋台舟を雇い、シャルヴエがフランスから持ってきたラマールの花火など打ち上げ、食物や飲み物を他の舟と交換した。
(11) 午前六時、横浜に入港。八時九分発の汽車で東京に遷幸(『明治天皇紀』第四、二二三頁)。

一八七七年八月

(1) 日光までの旅の様子は以下の書簡で報告されている。第四八信(一八七七年九月六日付)、第四九信(一八七七年九月一八日付)、第五〇信(一八七七年一〇月八日付)、第五二信(一八七七年一一月一六日付)。
(2) クレットマンは全般的に杉と松を区別していない。
(3) 日光見物は第五一信(一八七七年一一月一日付)、第五四信(一八七七年一二月四日付)、第五六信(一八七八年一月一日付)、第五七信(一八七八年一月一四日付)で語られている。
(4) 裏見の滝は荒沢川上流にかかる日光三名瀑の一つ。滝の水が落ちる岸壁が上下、異なる岩石でできていて、その間に空洞があり、そこから滝を裏側から見ることができた。一九〇二年、台風のため、上部の岩石が崩れ落ち、景観が変わってしまい、滝を裏から見ることはできなくなってしまった。
(5) 一八六八年の神仏分離令の実施は、神仏混合が深く根を張った日光の社寺では非常に難しかったが、結局、東照宮、二荒山(ふたらさん)神社、満願寺(輪王寺)の二社一寺に分割統合された。満願寺の本坊は一八七一年、不慮の火災で焼失し、その跡地に東照宮裏にあった三仏堂が移築された。この工事は一八七六年に着工されたので、クレットマンが訪れた時は工事中であった。

（6）中禅寺に祀られる「走り大黒天」のこと。毎年秋に穂をくわえた白ネズミが現れ、中禅寺湖で湖上を走る大黒天の姿に変貌した。そこで、日光開山した勝道上人が「波之利（はしり）大黒天」と表記したところ、これを「波之利（なみのり）大黒天」と読み、航海を守護する神と信じられるようになった。

（7）一六四三年、徳川家光の発願で、天海僧正が比叡山延暦寺の相輪塔をモデルとして建立した。

（8）ニコラ・ボワロー＝デプレオー（一六三六―一七一一）の『書簡詩』からの引用であろうか？

（9）日光二荒山神社別宮。祭神は味耜高彦根命（あじすきたかひこねのみこと）（太郎山祭神）。

（10）ヤコブの子ヨゼフは父に愛され、また、ある日見た夢の話をして兄弟の妬みを買い、ミデヤン人の隊商に売られてエジプトに渡る。エジプトでは王宮の侍従長ポテパル（ポティファル）に仕え、信頼されてその家の全財産を管理するまでとなる。ところが、ポテパルの妻に言い寄られ、はっきり拒絶したが、この妻はヨゼフの衣服を捕らえて放さないので、ヨゼフは衣服を脱ぎ捨てて逃げ出した。この残された衣服を証拠品としてヨゼフは濡れ衣を着せられ、ポテパルに投獄されてしまう（旧約聖書、「創世記」第三七、三九章）。

（11）中禅寺湖までの登山については、書簡第五六信（一八七八年一月一日付）参照。

（12）馬返と中宮祠の間の旧登山道は、一九五四年、改修、整備され、「いろは坂」と呼ばれる有料道路となった。一九七四年には馬返から明智平を経て中宮祠に至る第二いろは坂が開通し、前者の第一いろは坂は下り専用、第二いろは坂は上り専用となった。

（13）この休養日から高崎までの旅行記は、書簡第五七信（一八七八年一月一四日付）参照。書簡上の日光・浅間山旅行の報告はここで中断されている。

（14）現在の佐野市。

（15）エジプトで虐待されていたヘブライ人はモーゼに率いられてエジプトから脱出するが、紅海に至ってその先に進めないでいたところ、モーゼが海の上に手をさし伸ばすと、神は強風を吹かせて海水を退かせ、海の真ん中に陸地を作られた。そこで、ヘブライ人は乾いた地を通って紅海を渡ることができたという奇跡の話（旧約聖書、「出エジプト記」一四章二一・二二）。

（16）Paul Brunat（一八四〇―一九〇八）は、青年期、リヨンの生糸問屋に勤務。その後、エシュト・リリアンタールに移り、横浜支店に派遣され、一八六六年来日。明治維新後、製糸工場建設準備計画に参加。デュ・ブスケの推薦により、一八七〇年より五年間の契約を結び、御雇外国人として富岡製糸場の設立に携わる。ブリュナは所長ではなく、首長であった。

（17）明治政府は、外国人に支払う高額な給料の節約に踏み切り、一八七五年ブリュナの契約満了後は、富岡には御雇外国人が一人もいなくなり、製糸場の幹部は全員日本人であった。ブリュナは一八七六年二月に離日した。クレットマンが訪れた時の所長は山田令行である。

一八七七年九月

（1）Louis-Adolphe Thiers（一七九七―一八七七）。フランスの政治家、歴史家。七月王政下、首相を二度務め、普仏戦争敗戦後は臨時政府の代表となり、アルザス・ロレーヌ地方をドイツに割譲して講和条約を結んでパリ市民の憤激を招き、パリ・コミューンが創設された。一時ヴェルサイユに逃れたが、コミューン鎮圧に成功、その後第三共和政の初代大統領に選ばれた。ティエール支持の基盤は王党派であった。なお、逝去したのは九月三日。

（2）小島好問（一八五六―一九一九）。フランスに留学。日清、日露戦争に従軍。最終階級は陸軍少将。

（3）木越安綱（一八五四―一九三二）。一九一三年陸軍大臣となる。日清、日露戦争に従軍。最終階級は陸軍中将。

（4）南部辰丙（一八五六―一九三一）。日露戦争に出征。最終階級は陸軍中将。

（5）薩摩軍は、一八七七年九月一日、鹿児島市城山を占拠したが、間もなく政府軍に包囲された。九月二四日、政府軍の総攻撃を受け、西郷隆盛は被弾したため自刃し、その後の交戦で、桐野利秋は戦死、村田新八は自刃した。

一八七七年一〇月・一一月

（1）この船橋架橋については、書簡第五〇信（一八七七年一〇月八日付）で触れている。――このような仕事はフランスでは工兵将校がやることは少なく、普通、対壕、築城などの工事に携わる工兵が担当している。シャルヴェに押し付けたがうまく逃げられた。架橋に関しては、砲兵も工兵もあまりやりたがらない。

（2）第三共和政で二度目の国民議会選挙の第一回目の投票。第二回目の投票は一〇月二八日に行われ、共和党が勝利を収めた。

（3）三好重臣（一八四〇―一九〇〇）。西南戦争では征討第二旅団司令長官として出陣したが、敵に敗れて負傷した。最終階級は陸軍中将。

（4）クレットマンは大尉への昇進を心待ちしていたことを家族に度々打ち明けていたが、やっと昇進の吉報が入った。それは書簡第五三信（一八七七年一一月一九日付）で報告されている。――野戦演習場から戻ると、弟から電報が来ていて大尉への昇進を知る。待ちに待った吉報である。電報は一一月六日八時四〇分にパリで発信され、長崎に七日の午前九時に着き、東京には一一時に届いた。日仏間に九時間の時差があることを考えると結構早くニュースは届いている。早速ミュニエ団長にこの吉報を知らせると、大喜びで抱擁してくれた。団長は、翌日、士官学校の曾我校長に、クレットマンをジュールダン大尉の後任の教務主任に任命したと告知した。

（5）西南戦争犠牲者の追悼行事については、書簡第五三信（一八七七年一一月一九日付）で語られている。――二日前から最近終わったばかりの内戦の犠牲者の追悼記念行事が行われている。日本では、悲しみを表現するのに陽気にお祭り騒ぎをする。日中は競馬やいろいろなスペクタクル、夜は花火、というように。政府は浜御殿で参戦した将校などを招待して宴会を催している。死者に対する弔い方はフランスとは違うようだ。

（6）第一回内国勧業博覧会（一八七七年八月二一日から一一月三〇日まで上野公園で開催）閉場式への行幸については『明治天皇紀』第四、三二〇頁以下参照。

一八七七年一二月

（1）聖バルバラは建築家、石工、砲手、消防士、鉱夫、囚人の守護聖人。かつて、リセの理科系のクラスではこの日を祝う習慣があった。カトリック教会では歴史的に実在した証明がないという理由で、一九六九年以来聖人暦から外している。

（2）Pierre-Marie Osouf（一八二九―一九〇六）。パリ海外伝道協会の宣教師として、一八七七年来日し、終身日本に滞在した。一八七七年一二月四日、築地外国人居留地に東京における最初のカトリック教会（東京大司教区の司教座聖堂）建設に着手、一八七八年八月一五日献堂式を行った。一八九一年、初代東京大司教に任命された。なお、東京カトリック教会建設については、書簡第五八信（一八七八年一月二八日付）参照。

（3）この晩の大宴会については、書簡第五五信（一八七七年一二月一八日付）参照。

（4）兼松直稠（?―一八八六）。在仏日本公使館一等書記官を務めた。

一八七八年一月・二月・三月・四月

（1）Gustave-Charles-Désiré Dagron（一八四五―九八?）。喇叭（らっぱ）の演奏者。一八七二年に来日、第二次フランス軍事顧問団のメンバーとして日本陸軍軍楽隊の指導者となり、後任者のシャルル・ルルー（第三次軍事顧問団メンバー）とともに日本への洋楽導入、発展に寄与した。

（2）「諸儀例の如し、但し午前有位華族の朝拝に次ぎて勲三等以上の外国人に朝拝仰付けられ、准奏任以上の雇外国人の朝拝を午後一時と為す」（『明治天皇紀』第四、三四七頁）。

（3）井の頭弁財天。

（4）この近衛諸隊の練兵天覧については、『明治天皇紀』第四、三八三—八五頁参照。

（5）「万国電信条約加盟の議亦決せり、是に於て工部卿伊藤博文電信開業の祝典を挙行せんとす、是の月七日聴許を得たるを以て、是の日、工部卿輔以下関係者、東京木挽町に新設せる電信中央局に参集して開業式を行ひ……」（『明治天皇紀』第四、三八五頁）。なお、万国電信公法により、国際電報の正式業務が開始された。

（6）シャルル・グノー作曲のオペラ。一八五九年パリで初演。

（7）この陸軍対抗演習の天覧については『明治天皇紀』（第四、三九二—九三頁）に概要が報告されている。——午前九時、天皇は騎馬で、皇太后、皇后は馬車で皇居を出発、日比谷陸軍操練所で行われた近衛諸隊の練兵をご覧になった。操練所にご到着の頃から雨が降りはじめた。まず歩兵聯隊運動、次いで歩騎砲工四兵連合運動が披露された。四兵連合運動（対抗演習）には二三七二人の諸兵が参加した。

（8）この日の散策については、書簡第六五信（一八七八年五月一日付）参照。

（9）フランスの作家シャルル・ペロー（一六二八—一七〇三）の童話。主人公青髭は六人の妻を次から次へと殺す。

一八七八年五月一日〜二〇日

（1）Alfred Gérard（一八三七—一九一五）。ランスに生まれ、一八六三年来日。はじめは、横浜で食料品や雑貨を扱う商店を構えていたが、その後、水供給業、煉瓦・瓦製造業を営んだ。一八七八年離日。

（2）Charles-Théodore Gonzalve de Diesbach（一八四七―九九）。外交官。一八七七年から一八八二年まで在日フランス公使館の書記官であった。

（3）三人とも東京帝国大学教授。Alexandre Dybowski（一八五〇―一九一四）はエコール・ノルマル・シュペリユール（高等師範学校）出身（一八七二年入学）。一八七七年一一月から一八八〇年二月まで東京帝国大学で教鞭を執った。その後、ルイ・ルグラン高等学校（パリ）の物理の教師を務めた。

（4）J. Chapsal. フランス郵船の社員。

（5）紀尾井坂の変。大久保利通暗殺については、『明治天皇紀』に詳しい記述がある（第四、四〇七頁以下）。

（6）『明治天皇紀』では、大久保利通の葬儀は五月一七日となっている（第四、四一二頁以下）。

（7）この後、クレットマンはアメリカ合衆国を横断して帰仏し、日記は一八七八年七月二九日（ロンドン着）まで綴られているが、二〇一五年出版のフランス語版ではこの部分を省略した。

解説

松崎碩子

本書は、コレージュ・ド・フランス日本学高等研究所により二〇一五年に刊行された*Deux ans au Japon 1876-1878*（『滞日二年、一八七六―七八年』）のうち、第一部・日記の翻訳である。併せて、フランシーヌ・エライユ教授の序文および保谷徹教授の論文を収録した。

著者のルイ・クレットマンは第二次フランス軍事顧問団のメンバーとして一八七六年二月七日に来日し、一八七八年五月二〇日に離日した。彼については序文で紹介されているので、ここでは、最近入手した資料からの情報も交え、いくつかの点について追記したい。数年前、五〇年来の友人オディール・エリソン夫人から思いがけない資料を見せていただいた。曾祖父の書類から出てきたという薄汚れた緑の表紙の、綴じ目もほどけた、見るからに古い薄手の冊子である。一八六七年八月一〇日に、ストラスブール帝国高等学校の優等生に授与された賞の受賞者のリストで、何気なくページをめくっていくと、ルイ・クレットマンの名が目についた。この年、クレットマンはレトリックの学年（高校二年に相当）の生徒であったが、ラテン語、ギリシャ語、フランス語、歴史・地理、数学など、すべての科目で首席の賞をかち得ていたのである。つまり、たいへんな優等生であったようだ。日記のなかでも、ラ・フォンテーヌやウェルギリウスなどからの引用があるが、かつて学んだ詩文が何気なく頭をかすめたのをそのまま書き留めたのであろう。それに、この資料で非常に興味深いことがわかった。彼はプロテスタントであった。当時は、カトリック、プロテスタント、ユダヤ教など主な宗教の授業があり、生徒たちはそれぞれ信仰する宗教の講義に出て、歴史や教義を学んだのである。クレットマンはプロテスタントの部でも一番だった。彼は賽銭(さいせん)について非常に厳しい目で批判しているが、神の恩寵を金銭で買うことに反発するプロテスタントの精神がここに見られるし、カトリックの神父たちに対しても冷たい目を向けている。

高校卒業後、優等生ルイ・クレットマンは、当然のことながらエリート校エコール・ポリテクニック（理工科大学）への進学を志願した。この理科系屈指のエリート校であるエコール・ポリテクニックは、エンジニア養成校として一七九四年に設立され、一八〇四年に皇帝ナポレオン・ボナパルトが革命後に不足していた将校軍人を養成するための軍人養成校にした高等教育機関で、現在でも国防省の所管であり、毎年七月一四日の革命記念日にシャンゼリゼ通りで行われる軍事パレードでは、当校の一年生が制服姿で先頭を切って行進している。最近ではヴァレリー・ジスカール＝デスタン元大統領、クリスチャン・ソテール元財務大臣、ベルナール・アルノーLVMH会長、カルロス・ゴーン元ルノー・日産自動車会長など、むしろ政財界に優秀な人材を送り出しているし、研究分野に進む者も少なくないが、クレットマンの時代には軍人になる卒業生が多かった。軍事顧問団のメンバーにも当校出身者が多い。ところが一八七〇年、八月初旬に筆記試験を控えていた矢先、七月一九日にフランスはプロイセンに宣戦を布告し、普仏戦争が始まってしまった。勢いに乗ったプロイセン軍はアルザス地方に侵入、ストラスブールも包囲してしまう。筆記試験は一応終えたものの、戦争の混乱のため、答案は紛失され、この地方の受験生は翌年再試験を受けるはめとなる。クレットマンは、夜警団に参加したりして住民を守り、ストラスブールの包囲に耐えながら奮闘し、この再試験に挑戦して見事に合格し、晴れてエコール・ポリテクニックに入学した。

結局フランスは普仏戦争に敗れ、アルザス地方はロレーヌ地方とともにプロイセンに占領されてしまう。この地方の住民はフランス国籍を捨てるという条件で当地にそのまま居住できた。クレットマンは弟エドゥアールとともにフランス国籍維持を選び、ストラスブールを去ることとなったが、町の中心街で壁紙業を営んでいた両親はストラスブールに残った。

フランスの普仏戦争敗戦はクレットマンの生涯に大きな傷跡を残したが、来日したフランス軍事顧問団にも大きな影響を与えた。そもそも明治政府が欧米に派遣した岩倉使節団がフランスとプロイセンを訪れたのは普仏戦争後であり、勝利に沸くプロイセンの勢いを目の当たりにして、使節団のなかには、陸軍の伝習をフランスよりプロイセンに任せたほうがよいと主張する者も少なからずいた。しかし、一八七二年には予定どおり第二次フランス軍事顧問団が来日し、日本陸軍の基礎を築くことになる。ところが、日本政府のプロイセン寄りの態度は続き、その傾向はますます強くなる。それをミュニエ団長は察知していたようである。そのうえ、顧問団幹部メンバーの帰国が相次ぐと、人数も少なくなり、フランス顧問団も寂しくなっていく。フランス軍事顧問団の将来を案じたミュニエ団長は契約終了が近づいたクレットマンなど若き士官に契約更新を勧め、日本にとどまるよう必死で説得する。しかし、ストラスブールで息子の帰国を待ちわびている両親を想うとクレットマンはそう簡単には契約を延長できない。両親には契約どおりに帰国すると何度も繰り返し約束するが、どうもそれは一時逃れの口上で、実際には、六か月の休暇を取り、予定どおり帰国して、両親を説得し、再び日本に復職するつもりでいた。しかし、弟の死という思いがけない事情のため、結局、それは実現しなかった。ただ一人の弟エドゥアールは数か月前から体調を崩しており、ある時からストラスブールの実家に戻るなど病状が悪化していたことはクレットマンも感知していたが、両親はそれを否定し、クレットマンの生涯一度の大旅行を無事に終えてほしいとの願いから、帰国途上の太平洋横断中の五月二九日にエドゥアールが急死したことも知らせなかった。帰国後弟の死を知ったクレットマンの衝撃と悲しみは並大抵のものではなかったであろう。エドゥアールは日本に向け出航した時、マルセイユまで見送ってくれた。「埠頭に立ちつくすエドゥアールの姿が今でも目に浮かびます」と両親宛の書簡で回想しているが、これが弟との最後の別れであった。クレットマンは息子の死を前にして悲嘆に暮れる両親をそのまま残して日本に渡ることはできず、日本への復職をあきらめた。

クレットマンはその後再び日本の地を踏むことはなく、フランス陸軍の士官としてフランス各地で勤務し、一九〇八年には母校エコール・ポリテクニックの校長に任命されたが、一九一二年、病気を理由に辞職し、第一次世界大戦勃発の年、一九一四年に他界した。

ところで、日記は、国内はもとより、外国を旅した時や、また外国に滞在した時などにつけることがよくある。そこには、普段の生活から離れ、見知らぬ国での体験やその土地の風景や風習の見聞を長く書き留めておきたいという気持ちがこめられている場合が多い。クレットマンも、極東の果て、日本に赴任するにあたり、新しい発見や体験を夢見、張り切って出かけたに違いない。しかし、一八五八年に日仏修好通商条約が締結されてから既に二〇年近く経ち、フランス軍事顧問団も二度派遣され、多くの先輩や同僚が日本に渡っていたので、彼らからの情報も入手していたであろうし、日本についての旅行記も出版されはじめていて、日本は全く謎に包まれた国というわけではなかったはずである。とはいえ、情報が一瞬にして世界に伝わる現在と違い、その伝播も遅く、すべてをカバーしていたわけでもない。「百聞は一見に如かず」。クレットマンは自らの目で見たこと、自らの耳で聞いたこと、自らの感動を記録として書きつけておきたい気持ちで溢れていた。

クレットマンはマルセイユを出発した一八七五年一二月一六日から小型のノート二冊に、日記をつけはじめた。はじめは毎日丹念につけていたが、仕事が忙しくなると書かない日も多くなる。ただ、旅行中はかなり詳しく書いていた。彼は日本滞在記として、日記のほかに家族宛の書簡を残しているが、日記は手紙の下書きのようなもの、参考資料としての役割を果たしていた面もある。特に春・夏の休暇を利用して旅行をした際には、旅行中には便りを出さず、日記に書かれた記録をもとに、帰京後まとめて報告している。といっても一回では書ききれず、数回に分けて書いている。しかし、手紙には旅行の報告だけでなく、西南戦争をはじめ、火事、地震、嵐、祭り、虫など、当時の日本についての報告、また本人の近況、家族や友人への安否、それに日仏間の輸送や通信に関する問題が意外に多く語られていて、旅行記はその合間を縫って報告されているので、出発から帰京まで完全に報告されているのは最初の旅行、一八七六年春の箱根・伊豆・大島めぐりのみで、関西旅行は京都の途中まで、また日光旅行は、高崎までしか手紙には書かれていない。そこで、その続きの記録は日記に頼るしかない。また逆に、一八七六年夏に航路で神戸、下関を経て長崎へ出かけた時は、途中体調を崩し、日記はほとんどつけられておらず、この旅行の様子は、一八七六年九月六日付の手紙にのみ記されている。

このように思うがままに書かれた日記は、当然ながら出版する目的で書かれたものではない。あくまでも著者自身のためのメモであり、他者が内容を理解しようとしまいとかまわない。それで、著者の気持ちが何の飾り気もなくそのまま率直に表現されている反面、わかりにくいところもある。そのような箇所は英語をはじめ外国語で書かれた場合もある。

クレットマンは、写真や講義録、地図、画集、版画などを日本から持ち帰ったが、これらの資料はストラスブールの両親のもとに送られた。彼はフランスの陸軍士官であったため、自由にプロイセン占領下のストラスブールに滞在できず、またフランス各地の駐屯地を転々と勤務し、ゆっくり資料の整理に当たることができなかった。晩年、レマン湖の畔、エヴィアンの近くに広大な土地を購入して家を建て、日本からの思い出の資料をここに移した。しかし、病のため、これら資料には思うように手がつけられず、一九一四年に死去する。資料はその後そのままこの家に残り、人の目につかないまま忘れられていた。ところが、二十数年前、孫の一人、故ピエール・クレットマンがこれらの資料を発見し、八〇歳の高齢にもかかわらず、日記・書簡の自家出版、横浜開港資料館での写真展などを通して、当コレクションの広報に積極的に当たり、資料の約三分の二をコレージュ・ド・フランス日本学高等研究所に寄託した。それに、彼は日記と書簡を苦労して翻刻し、一九九五年に、私家版二冊を自費出版し、研究所や専門家に無料で頒布した。ピエール・クレットマンは翻刻するに当たり、解読した文章を直接コンピューターに入力したのではなく、文章を朗読してテープに録音し、それを知人に渡し、再生、入力してもらうというプロセスをとった。もちろん、入力されたテキストを、オリジナルとつき合わせて誤りを訂正している。ただ残念なことに、ピエール・クレットマンは日本とは、当資料を発見するまで全く縁がなく、日本語はもとより、歴史や地理など日本についても何も知識を持ち合わせていなかった。日本語や日本のことを多少なりとも知っていれば、翻刻する時、何かと見当がつき、調べることもできるが、何も知らないとチンプンカンプンで、調べたくてもどうにもならないことがよくある。それで、この私家版は、ピエール・クレットマンの並々ならぬ努力の賜物で、非常に興味深い情報がたくさんあるということがわかっても、実際、はっきりしないところ、おかしなところがある。そこで、コレージュ・ド・フランス日本学高等研究所では、人名、地名など固有名詞を確認し、わかりにくい箇所を検討し、改訂版（馬場郁、フランシーヌ・エライユ、松崎碩子、エリザベート・ヴェインベルグ・ド・トゥシェが編集）を出版した。これが本書の原本である。なお、日記と書簡は現在クレットマン家で保管されている。

クレットマンが日本で過ごした時代は、近代日本の黎明（れいめい）期であり、近代化にはフランスも大いに協力した。横須賀製鉄所はレオンス・ヴェルニーが、富岡の製糸工場はポール・ブリュナが、横浜と東京のガス工場はアンリ・ペルグランが中心となって設立、開業したが、クレットマンはこれらの施設を訪れている。また、鉄道も、一八七二年新橋・横浜間を皮きりに、一八七四年には神戸・大阪間、一八七七年には大阪・京都間が開通した。これらの鉄道が通る河川には近代的な橋が架けられ、クレットマンはその写真を持ち帰っている。工兵将校のクレットマンは導入されて間もない日本の鉄道に興味を示し、彼の写真コレクションには、駅の構内や切り通し、天井川の下のトンネルの入口など、鉄道関係のものが数多く含まれている。

西洋の先進国に一刻も早く追いつこうと躍起(やっき)になっていた明治政府は、どうも「近代化」を「西洋式」と解釈していたようで、理髪師に日本式髪形を結(ゆ)わないように奨励したり、公務員は洋服を着るようにとの勅令を出している。洋服といってもいろいろ種類があり、その習慣に慣れないため、西洋人から見ると非常に滑稽な格好をしていた場合が多く、クレットマンは場違いの服装をした役人などを皮肉交じりで描写している。また、西洋音楽導入にはキリスト教と軍隊が大きく関わっていたといわれているが、そもそも軍隊のパレードや式典などに音楽はつきものであり、特に喇叭(らっぱ)と太鼓はかつて軍事的な連絡手段として使用されていたが、無線通信の発達などによりその使用が廃(すた)れた現在でも、起床、国旗掲揚、朝礼、食事、消灯など日常生活に用いられている。そこで、第二次フランス軍事顧問団のメンバーには喇叭手（クレーロン）のギュスターヴ＝シャルル・ダグロンがおり、軍楽一般の心得もあったので、一八七二年から陸軍軍楽教師となった。しかし、西洋音楽の知識も経験も浅い軍楽隊の演奏は非常に拙（つたな）かったようであるし、イギリスをはじめ他国の軍楽隊の演奏もどれもあまり気に食わなかったようだ。クレットマンはたいへんな音楽愛好者だったようで、耳にした曲のタイトルをそのつど日記に書き留めている。そのなかには当時ヨーロッパで全盛期を迎えていたオペレッタが多く、今では忘れられたものも少なくない。彼は、普仏戦争前の平和な時代にストラスブールでオペレッタをよく観劇したのであろうか。家族や友人たちと歌った曲もあったであろう。懐かしい曲を聞くたびに遠い故郷を想ったことだろう。

ところで、クレットマンが日本に滞在中、神風連（じんぷうれん）の乱、秋月の乱、萩の乱、思案橋事件など不平士族たちの反乱が相次いで起こったが、なかでも不平士族の反乱の総決算ともいえる西南戦争については、貴重な生きた情報を提供している。彼は、自分はこの内乱に口を出さず、あくまでもアウトサイダーに留まっていると両親に語っているが、職業柄、全く無関係ではいられなかった。陸軍士官学校の生徒や同僚は次から次へと動員されていき、学校は空っぽになってしまう。生徒には死傷者も出て、そのリストを日記に丹念に書き留めている。戦争を指揮するために育てた生徒たちとはいえ、戦地から悪いニュースが入るときっと心を痛めたに違いない。なお、クレットマンは一八七七年春、西南戦争の真っ最中に関西地方を訪れているが、行きの船に動員された兵士たちが乗り込んできて、不愉快な旅をした以外、内乱の影響もなく、平和な旅を続けることができた。

第二次フランス軍事顧問団は、ミュニエ団長の努力の甲斐もなく、一八八〇年で契約が切れ、第三次顧問団が一八八四年から一八九〇年まで来日するが、数名の小さな規模のものだった。一八八五年にはプロイセンからメッケル少佐が招聘され、日本陸軍はその後プロイセン式の軍制に切り替えられていくことになる。しかし、クレットマンが日本から持ち帰った資料は二つの世界大戦を無事にくぐり抜け、若き日に学び、晩年校長を務めたエコール・ポリテクニックの旧校舎で保管され、一世紀以上の眠りから覚めて蘇り、近代日本黎明期の貴重な情報を提供している。これらの資料は、その大部分がコレージュ・ド・フランス日本学高等研究所に寄託されているが、パリのカルティエラタンにあったエコール・ポリテクニックは一九七〇年代にパリ南郊のパレゾーに移転し、日本学高等研究所はその旧校舎の一画に居を構えているのである。

参考文献

辻由美『若き祖父と老いた孫の物語』(新評論、二〇〇二年)

ニコラ・フィエヴェ、松崎碩子編『フランス士官が見た近代日本のあけぼの』（アイアールディー企画、二〇〇五年）

松崎碩子「日記と手紙に記された開国日本」（『集と断片』、勉誠出版、二〇一四年、三一三―三二〇頁）（当稿中、クレットマンはニューヨーク滞在中の一八七八年七月一二日まで日記をつけたとしているが、ロンドン到着の七月二九日まで書かれている。ここに訂正し、誤りにつき深くお詫び申し上げる。）

幕末維新期の軍事改革とフランスの役割

保谷徹（東京大学史料編纂所）

江戸時代の日本は、戦闘者である武士身分が支配する社会であった。幕府は直属の武士（旗本）や大名に対して軍事動員をかけ、知行高（石高）に応じて彼らが動員すべき人数（従者を含む）や武器数の基準を定めた。この軍役基準は、戦闘距離にしたがって鉄砲（火縄銃）・弓・長鎗を併用し、最終的には騎馬武者による一騎打ちを戦闘思想とする技術段階にのっとって作られていた。

一九世紀半ば、資本主義列強の接近とともに、西欧の新しい軍事技術の導入と、これに照応する軍隊作り、武器・戦術の刷新と士官教育・兵卒素材の調達など、軍事的近代化に取り組む必要が生じた。

明治維新（一八六八年）をはさみ、フランスからは数度にわたって軍事顧問団が来日するなど、日本の近代陸軍の創設にはフランスの支援が大きな役割を果たしている。本稿では、幕末維新期の軍事改革の流れを概観し、フランスの影響や役割について整理することにしたい。

なお、本文中の史料は、漢文は書き下し文にあらため、仮名交じり文は現代仮名遣いに変え、濁点、句読点を加え、一部、仮名に開いたり送り仮名を加えたりした。また、一八七二（明治五）年までは陰暦表記とした。

1　西洋式軍制の導入

アヘン戦争と高島流

アヘン戦争（一八四〇〜四二）における中国の敗北は、太平の世になれた日本人に大きな衝撃を与えた。資本主義列強の圧力がいずれ日本に向かってくることは明らかであった。

一八四一年、老中水野忠邦は、長崎から町年寄高島秋帆を呼び寄せ、武州徳丸が原（現東京都板橋区高島平）で西洋砲術の調練を行わせた。秋帆は、長崎の台場備（だいばそなえ）を受け持った父四郎太夫について荻野流砲術を習得し、西洋砲術を研究して高嶋流の一派を立てた砲術家であった。

高島流は、臼砲や榴弾砲を用いて時限信管付の爆裂弾や榴弾・散弾を敵陣へ打ち込んだり、密集隊形による歩兵の銃陣を組み、これを縦横に動かして一斉射撃を行うなど、ヨーロッパでひろく行われていた三兵（歩・騎・砲）戦術を取り入れていた。歩兵調練は燧石（ひうちいし）式マスケット銃（のちに雷管式マスケット銃）を用い、一八二〇年代のオランダ調練書にもとづいて行われていた。

幕府は伊豆韮山（にらやま）の代官江川英龍と旗本下曾根信敦に命じて高島流（西洋流）砲術を学ばせ、家塾での砲術指南を認めた。高島流の火術優先の主張は対外的危機感の高揚から多くの支持を得、江川家では江戸だけでも四〇〇〇人の門人を持つにいたった。

安政の軍事改革

一八五三年、アメリカの東インド艦隊司令長官ペリーが蒸気艦隊を率いて渡来し、翌年、幕府は日米和親条約を締結して日本は開国した。ペリー来航の衝撃は大きく、西洋流の軍事技術への機運が一気に高まった。

一八五四（安政元）年七月、老中阿部正弘は軍制取調掛を任命し、いわゆる安政の軍事改革が開始された。一八五六年、幕府は講武所を開設し、西洋流砲術の江川英敏（英龍の子）・下曾根信敦・勝義邦（海舟）が砲術師範役頭取（とうどり）に任じられた。

旗本の意識も一変し、武官として出世するためには他の武芸同様に西洋砲術を習得しなければならなくなった。目先の利いた旗本は、我が子を幼いうちから「太鼓稽古」などに通わせ、与力・同心の足軽クラスでは組単位の西洋銃陣稽古が開始された。

一八五〇年代後半、諸大名（諸藩）もまた同様の軍事改革を行っていた。当時の西洋流とはオランダ式を指し、射程の短い前装滑腔銃（いわゆるゲベール銃）の段階にあって、密集部隊からの一斉射撃が主な戦法であった。

文久改革と洋式部隊の創出

安政改革は、武士の洋式調練を推奨し、足軽部隊に銃陣調練を行わせる結果になったが、本格的な洋式部隊の編成という点では不十分だった。すでに欧米先進国は数百メートル近い射程をもつライフル（施条銃）の段階に進もうとしており、一八六〇年代の幕府はこの新しい段階の技術移入と照応する軍制の導入を必要とした。

一八六一（文久元）年、幕府の文久改革がはじまり、これまでの軍事組織の外に、士官と兵卒からなる洋式軍隊を建設することが目指された。

新組織は、重歩兵一六大隊・軽歩兵八大隊・騎兵八中隊余・砲兵隊は軽重合わせて一二座半一〇〇門・砲手八〇〇の定員である。主力となる重歩兵には、旗本に兵卒素材（兵賦）を徴発させてこれにあてるものとした。その多くは旗本領の農民であった。それ以外の兵種はそれぞれ小普請組や同心組の軽輩をあてた。軽歩兵部隊は、持小筒組（のちの撒兵隊）と称され、新規に創設された洋式部隊は歩兵組、持小筒組、騎兵組、大砲組の四編成となった。

この構想に沿って、いわゆる士官相当の役職も次々と新たに設置された。歩兵組は、歩兵奉行を筆頭に、歩兵頭・歩兵頭並・歩兵惣目付が置かれ、それぞれ少将＝師団長相当、大佐＝連隊長、中佐＝大隊長、少佐に対応させた。この下に、歩兵差図役頭取（大尉＝中隊長）、歩兵差図役（中尉＝小隊長）、歩兵差図役並（少尉＝半隊長）、さらに下士官相当の役職があった。

騎兵組も騎兵奉行以下、同様の役職が作られたが、大砲組は単独行動を行わない部隊として一等下に置かれ、大砲組之頭（中佐＝大砲一座八門を指揮）以下の役職のみ設定された。

この幕府三兵隊を指揮するものとして、陸軍総裁、陸軍副総裁、陸軍奉行が置かれた。これは元帥、大将、中将に相当する総司令官であり、陸軍総裁・副総裁は老中ないし若年寄に相当する譜代大名が就任し、陸軍奉行以下は旗本が就いた。指図役以下のいわゆる尉官相当の士官職には、講武所で学んだ旗本の二、三男に登用のチャンスを与えた。

このように、幕府の文久改革は、欧米の軍隊制度を模倣し、これまでの軍団構成の外側に歩・騎・砲の三兵隊を新たに作り出したのである。

攘夷運動による混乱

ところがこの一方で、一八五八年の通商条約締結以来、国内の外国人排斥（攘夷）の動きが強まっていった。一八六二年末には、幕府は朝廷と一体となって攘夷を実行する政策（奉勅攘夷）を推進し、最終的に横浜鎖港を国是としてかかげた。この方針は自由貿易を主張する欧米諸国と決定的に対立し、対日戦争の危機が高まることになった。

一八六三（文久三）年、居留地防衛の名目で横浜には英仏駐屯軍が設置された。英仏ともに兵営を建設し、合計一〇〇〇名近い兵力が常駐した。フランス軍は主にアフリカ大隊三〇〇名程度であり、この駐屯は一八七五年まで継続される。

六三年五月一〇日、攘夷期日とされたこの日に長州藩は下関で外国船砲撃を開始した。アメリカ軍艦ワイオミング号、さらにジョレス准将率いるフランス艦隊は、相次いで報復のために出動し、長州藩の海軍と下関の台場群に壊滅的打撃を与えた。

それでもなお攘夷方針を変えない長州藩に対し、一八六四年（元治元）八月、英仏蘭米の四か国艦隊は蒸気軍艦九艘・兵力五〇〇〇余で再び下関砲台群を破壊した。下関戦争である。この結果、幕府は鎖港政策を放棄し、攘夷派も従来の単純な攘夷策を断念せざるをえなくなった。中央政局の課題は本格的な軍事改革にどう取り組み、万国対峙に足る公議政体をいかに確立するか、この方向へ大きく変化していった。

幕府も、欧米諸国の最新の軍事技術の移入と軍事力強化にふたたび取り組むことになり、その第一歩が直属の旗本子弟への士官教育と実地調練を目的とする英仏への伝習依頼だったのである。

2　幕末の動乱と英仏伝習

イギリスへの伝習依頼

一八六四（元治元）年九月、陸軍奉行は三兵士官をオランダへ留学させて実地の教練を受けさせたいと願い出たが、老中はこれを斥け（しりぞ）け、当時横浜に駐屯していたイギリス軍について学ぶよう指示を出した。同じ頃、神奈川奉行所でも、横浜居留地の警衛のために編制した部隊に、英国の伝習を受けさせたいと希望した。

一一月一日、この神奈川奉行所の要請は、「貴国操軍規範伝習請けたく」と、老中を通じて英国公使オールコックへ伝えられた（早稲田大学図書館所蔵英国大使館文書）。オールコックはこの要請を受諾し、神奈川奉行所の指揮官窪田泉太郎のもとで調練がはじまっている。この部隊は最大時一三〇〇名あったというが、調練の実態はよくわからない。日本側は横浜に兵営を築いて大規模な演習を繰り返したが、アーネスト・サトウが書き記したように、ときどき英国人士官に質問しながら、基本的には翻訳調練書にしたがって行っていた程度と考えられている（サトウ『一外交官の見た明治維新』、一九二一年）。

一八六四（元治元）年一二月、幕府はフランスに依頼して、横須賀製鉄所建設のために海軍技師ヴェルニーの招聘を決した。ついで外国奉行柴田剛中を正使とする使節を英仏に派遣し、その準備とともに、陸軍伝習の交渉を行わせることにした。一八六五（慶応元）年五月、この使節の派遣を申し入れた際、幕府はイギリス代理公使ウィンチェスターへ「貴国の練兵術伝習の儀、その政府へ頼み入れたく」と書き送っており、この段階ではあくまでもイギリスに陸軍伝習を依頼するはずだったのである。

フランスへの伝習依頼

一方、一八六五（慶応元）年三月、幕臣小栗忠順や浅野氏祐と相談の上、栗本鯤がフランス公使ロッシュへ陸軍伝習の依頼をはじめて打診した。このときの依頼は「山路歩兵」の調練に限られ、英国に依頼した伝習の補完的な内容であった。フランスはまた、幕府の要請に応じ、この年五月、施条砲一六門を江戸へ届けている。これは青銅製十二斤艦載カノンだったが、すでに第二次長州戦争の準備に追われていた幕府は、さらに四斤山砲（四キロ砲弾を使用した青銅製施条山砲）の調達を依頼した。

遣欧使節の柴田一行は最初にフランスを訪問した。柴田が一八六五年七月三〇日、外相ドリュアン・ド・ルイに面会したところ、外相は、「陸軍兵術伝習の儀、製鉄所御取建に付き仏人ウェルニー（ママ）御雇の義、同国人フロリー・ヘラルト御国御用筋取扱わせ候義とも」すべて快諾した。柴田は八月五日付書翰でその旨を日本へ報告する（東京大学史料編纂所蔵「柴田日向守英仏行御用留」、以下「御用留」と略す）。

この知らせは一〇月一一日に日本へ届き、翌日老中水野忠精のもとに達した。気をよくした老中は、一一月九日、「これまで仏国へ御頼み相成り候山路兵術・大砲兵術のほか、猶又騎兵をも差し加え、三兵とも仏国より伝習受け候積り」と関係局へ布達した。これまでの依頼内容を拡張して陸軍伝習全般をフランスへ要請するという内容である。ただし一方で、「英国よりも伝習承知の旨申し越し候運びに相成り候わば、同国よりも別段伝習請け候積りにこれ有り候」と、イギリスが引き受けるなら英仏二本立ての伝習でかまわないという趣旨であった（「御用留」）。

実際、ほぼ同時期の一〇月二一日、柴田はロンドンで英国のクラレンドン外相と会見し、「兼ねて仰せ渡され候陸軍伝習御頼み方の事」を申し込んだところ、「いずれも承引いたし候」、つまりイギリス側は要請を受諾したと報告している（「御用留」）。イギリス本国は条約体制を認めた日本に対して必ずしも拒絶的ではなく、むしろ日本への陸軍伝習には前向きの姿勢を見せていたのである。

フランス伝習への一本化

しかし、イギリス伝習についてはすぐに方針が変更した。

一八六五年五月、陸軍奉行（のち老中格・陸軍総裁）に就任した松平乗謨（大給亘）が幕府の陸軍伝習の一切を管轄することになり、彼が中心となって、一一月一九日、陸軍伝習のために留学生二〇人を英国へ派遣したいとイギリス公使パークスへ申し入れたのである。これは英国からの教師派遣を断るための巧妙な策だったと考えられている。実際、このような手配をした直後に、フランス側へ全面的な伝習に対する正式な申し入れが行われ、フランス公使ロッシュはこの間の事情をパークスへ打ち明けている。出し抜かれたかたちになったパークスの怒り様は、ミットフォードの回想記にも記されている。

では松平乗謨は何故フランス一国の伝習にしようとしたのだろうか。一二月八日、乗謨は老中水野忠精へ以下のような書簡を送っている。

仏二千人の伝習すら容易ならず候処、尚英にても御開き相成り候様にては、御用途莫大に相成り候のみならず、差し向け候人も御座無き故、講武所よりにても御差し出しに相

> 成り候わんでは工みも御座無く、夫も致し方無く候えども、漸く此処にて幕府の御兵制御一定に仕り候処、又仏英両国の制に分派角立ていたし候端をわざわざ御開き遊ばされ候義に相成り、此の後害少なからず……

これは、イギリスの伝習が開始されれば、①経費・人員ともに不足すること、②なによりも、ようやく幕府の兵制が統一されたのに、英仏への分派は後害が大きいことを指摘している。

事実、一二月二二日に行われた老中との応接の場で、パークスは「当地において陸軍伝習私方へ御頼みの義は御取り極め相成り候哉」と質問した。陸軍伝習は英国に依頼したはずではなかったかという詰問である。老中らはこの問題は松平乗謨へ任せており、「猶衆議を尽くし候上、同人より談じさせ候様にこれ有り候」とその場を逃れたのである。

全国兵制統一の課題

高島秋帆の弟子で、当時の西洋流砲術の指導者の一人であった幕臣下曾根信敦は、「精密・軽便にして、山野狭隘、平らかならざるの地にて散布の兵を駿速に活用仕り候法則等、皇国の地理・気質に特に適当つかまつる」として英国兵制の採用を主張していた（「御兵制之儀ニ付申上候書付」、一八六六年二月、首都大学東京所蔵水野家文書）。つまりイギリス式を推す勢力も現に存在し、イギリスの申し出を容れてイギリス式を導入すれば、兵制が二途に分派することは自明であった。

また、兵制統一の課題は、なにも幕府直属軍だけではなく、諸国に割拠する大名軍を動員する際の新しい統一基準をどのように打ち立てるか、この問題にも直結していた。この前年、陸軍奉行らは「幕府陸軍操練一定つかまつり候のみにこれ無く、皇国全土の兵制も追々一致つかまつり候基本と相成る」として、オランダの一八六一年式（前装施条銃段階）に教練号令を統一しようとした経緯があった。

幕府の陸軍関係者は、諸大名から動員する軍役の基準を西洋式にあらため、大名の石高に応じて歩兵・騎兵・砲兵の三兵隊を戦時に動員する仕組みを作ろうと企図していた。実際にはこの改革を断行する力はもはや幕府になかったが、単なる西洋式ではなく、フランス式に統一しようというのが、当時の幕府陸軍主流の考え方であった。御三家を含む譜代大名の軍役は、総計九一〇万石余で銃卒五万人・騎兵四〇〇騎・大砲二二四挺となり、外様大名も総計九一〇万石余に対し、歩兵一一六大隊（五万五〇〇〇人）・騎兵一二中隊（約一二〇〇騎）・大砲五〇座（四〇〇門）の規模となるはずであった。

フランス伝習が開始された翌一八六七（慶応三）年八月、イギリス式調練を受けたいと希望した加賀藩前田家に対し、幕府は「往々は諸藩においても一般に陸軍は仏国の法をもって編制」するのであるから、「相成るべくは仏国の法相用い、仏人の伝習請け候方御国陸軍の兵制一定致し御都合然るべし」と指示し、陸軍は全国統一してフランス式兵制でいくことを明示している。

結局、一八六六（慶応二）年五月、ロッシュの薦めもあり、バランスを取るためにイギリスへは海軍伝習を依頼することとし、陸軍伝習は正式に断わることでこの件は落着した。このように、いくつかの複雑な要素の中でフランス陸軍伝習は選択されたのである。なかでも全国兵制の統一基準としたいという幕府陸軍方の思惑がフランス式採用の大義名分となったが、その一方で直臣（じきしん）の旗本への士官教育を優先させ、大名家臣（陪臣）と区別する幕府の手法にはそもそも矛盾があった。

慶応改革とフランス

一八六六（慶応二）年八月、幕府は直属軍改革を実施し、旗本軍役を改定した。旗本が軍役として動員すべき従卒を一手に集中して運用することを目指した。翌六七年九月には、一〇年間の時限付ではあったが、旗本軍役が半知上納という形で金納化された。旗本の知行所からの平均収入の半分を差し出す規定であった。幕府は、この軍役金の上納によって得た資金を、兵卒雇用のほか、さまざまな軍事財源に用いようとした。

軍役金納化の結果、旗本・御家人自体はそれぞれの階層ごとに一律に単身の銃隊編成とされた。旧来の番方部隊は奥詰銃隊などの諸隊に編成されている。まだ九月にいったん解散される組合銃隊が含まれているが、その合計は四八大隊二万四〇〇〇人と見積もられた。

これに対して諸大名（諸藩）の対応はまちまちで、薩摩藩島津家や長州藩毛利家のように、率先してライフル段階に照応した洋式部隊の導入をはかるものもあったが、いまだに和流や古いオランダ式の大名も多かった。近世的な軍役体制を支えた弓・槍・火縄銃など和流兵術の一掃は戊辰戦争期にずれ込んだ。新政府が、西洋流の銃隊・砲隊以外は認めないと強調したからである。

フランス公使ロッシュは積極的に幕府支持を打ち出し、軍事顧問団の招聘や横須賀製鉄所・横浜製鉄所の建設に大きな役割を果たした。先述のように、横須賀製鉄所の建設には、海軍技師ヴェルニーが招聘された。日本側は製鉄所と称したが、これは造船所ないし海軍工廠である。幕末に雇い入れたフランス人技師らは計四四名におよんだ（篠原 一九八三）。工廠には奥行き一一〇メートルのドックが建設され、一八七二年までに一〇隻の蒸気船を建造し二六〇隻を修理したという（ポラック 二〇〇二）。

第一次顧問団の来日

シャノワンヌ参謀大尉ら第一次顧問団の来日は一八六六（慶応二）年一二月のことであった。団員は、ジュールダン工兵大尉、デュ・ブスケ歩兵中尉、メスロー歩兵中尉、デシャルム騎兵中尉、ブリュネ砲兵中尉など、工兵・歩兵・騎兵・砲兵士官六名とラッパ士を含む下士官ら一三名の計一九名であった。

早速横浜で伝習が開始され、のちに江戸へ調練の場は移された。幕府が設置した三兵士官学校における教育も顧問団に担わされた。旗本子弟から選抜された生徒たちは、フランス語を学び、学科と演習にあたった。フランス式調練を受けるために、士官・兵卒合わせて一〇〇〇名以上が伝習に動員されていた。

歩兵頭並であった大鳥圭介は、この伝習のために『仏蘭西歩兵程式』を訳出し、陸軍所の官版として一八六七（慶応三）年一二月に出版した。原本はフランス陸軍の一八六三年版『軽歩兵操典』である。また、田辺良輔も『仏蘭西令言図解』（一八六七年）、『仏蘭西軽歩兵程式』（一八六九年）を翻訳して出版している。

またシャノワンヌらは、調練や軍編成、徴兵法など軍事改革全般について各種の提言をおこなった（『陸軍歴史』）。

フランス式というと四斤山砲の国産化があった。フランスの四斤山砲は、馬に積んで移動できる軽便な前装施条砲であり、日本の地勢に適合的であったばかりか、青銅製であったために日本の既存の技術でも十分に対応できたのである。

幕府倒壊により第一次顧問団が帰国した後も、この四斤山砲の操練法は講義録や口授（ブリュネの軍術叢談など）として出回った。『仏蘭西四斤山用線条砲伝習録』は田安家に仕えてフランス伝習を受けた川崎知顕が著した記録である（国立公文書館所蔵）。一八六九（明治二）年に刊行され、その序文では、「巴黎（パリ）の兵学士遮納安（シャノアン）氏以下数輩来港す、太田邨［横浜］及び今の東京に於いて館を開き三兵教練の法を受けしむ、戊辰の春教師退去す、生徒業を受る一年有奇故を以って其奥旨に通ずる者蓋（けだ）し鮮（すくな）し」、それゆえに「仏人伝うる所仔細に筆録し、これを遺忘に備う」と書かれた。

このような書籍で学ぶ一方、フランス伝習を受けた旧幕臣には、諸藩の砲術家がこぞって入門し、熟達したので他の人への教授を許すという免許状が出されるなど、フランス人がいないところで、〝フランス流〟の普及が図られていたのである。

フランス式体操調練

では、オランダ式・イギリス式と比べて、フランス式調練の特徴は何だったのか。この問題を検討した鈴木淳氏は、日本における〃フランス式〃は、体操の実施と号令に喇叭(ラッパ)のみの使用を二大特徴としたと指摘している(鈴木 一九九九)。

シャノワンヌが一八六七年春に提出した建白書には、次のようにあった。

日本の兵隊に練体法を教ゆる事要用なるべし、自然身体の労役を好まざる人々をして屈伸自在、動作活発ならしむる為なり、現在太田村屯所に於いて少しくこれを行えり、号令をかけて、あるいは頭を左右に振らせ、あるいは上下に振らせ、あるいは手を輪転せしめ、あるいは手を輪転せしめながら走らしめ、あるいは背行して走り、あるいは片足にて走り、あるいは手を連ねて同走し、あるいは膝行(しっこう)し、あるいは両人互いに両手を執りて引き合い、あるいは高きより飛び下ろせしむる等、種々の法あり

実際に調練をうけた歩兵たちの多くは、江戸市中から幕府が雇い入れた武家奉公人層(武士の従者身分)であったが、このような「身体の労役を好まざる人々」に対し、まず第一に身体の動かし方を学ばせる必要があるというのがシャノワンヌの意見であった。

たとえば、当時の日本人は歩くときに左右の手足が同時に出た。これで走ると「ナンバ走り」という走り方になる(矢野龍彦ほか『ナンバ走り』、光文社新書、二〇〇三年)。これでは

当然、腕を前後に大きく振って走るなどということはありえず、西洋式の調練はまずこのようなところから始める必要があったのである。

いわゆる体操教練書は、フランス軍事顧問団がはじめて日本に持ち込んだものだった。この原著は *Instruction pour l'enseignement de la gymnastique*（一八六〇年、フランス陸軍省発行）と推定されている。フランス顧問団の体操調練の様子を、田辺良輔は『新兵体術教練』を著して一八六八（明治元）年に刊行した。これは原題を「仏蘭西陸軍伝習新兵体術」といい、自序に次のようにあった。

> そもそも此の書たるや仏国陸軍の士官数人を召して伝習有りしとき、直に業を教えらるに、纔（わずか）に令のみを記したるものを授く、これを得て著述するものなれば、彼の原書を見るときは定めて相違すること有らん、左ありながらも軍卒を操練する和蘭英仏の教則を読み、普（あまね）く教場ありといえども、只此の体術の書と共に伝わらざりしは意憾というべし、此の体術の備わる兵は、身体強壮にして駈け引き自在を得、飛走するも運動の業を誤らず、呼吸を苦しめずして長途に疲労することなきは、是らの体術に有りというべし

これは日本史上初の「先駆的な体操書」であるとともに、フランス式伝習の実際を伝える貴重な史料になっている。このうち第一から第四教までは、身体の各部を用いた徒手体操であり、バランス運動も含まれている。第五教は大飛び・高飛びほかの体術で、第四教までに

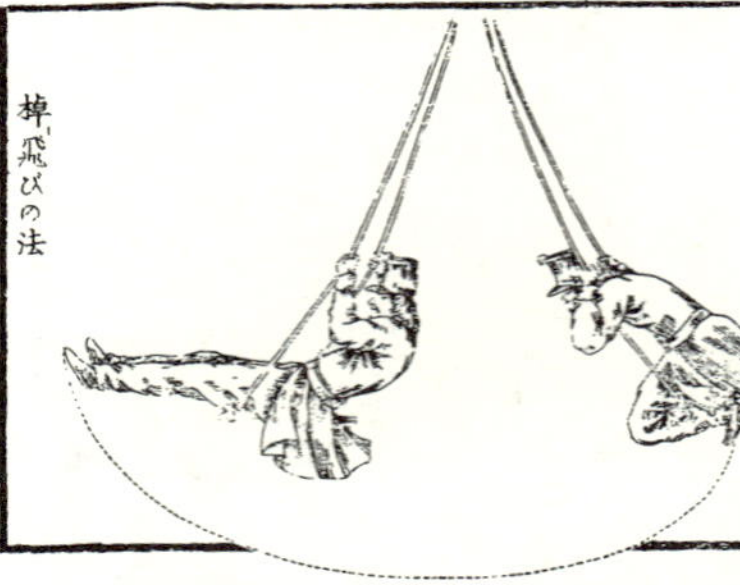

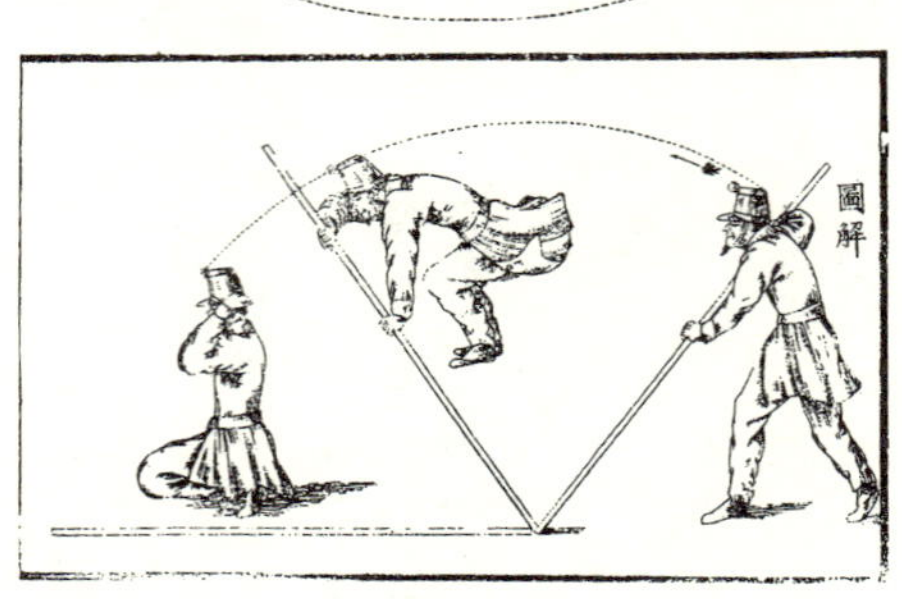

『新兵体術教練』に見えるイラスト。

「熟練」した次の段階であった。これは器械体操である。

用具のうち最も大掛かりなのは階段付きの「山」で、「高飛びの法」や「手の届く場へ登る法及び下る法」に用いられた。高飛びは高く飛ぶことではなく、高所から飛び降りる練習であった。縄を用いたものは、「ブラリンコ（ブランコ）」と「釣縄」であり、ぶら下がって揺らしたり、そこから飛び降りたり、あるいは縄のぼりなどに用いた。
次に、「棹飛び」である。これは棒高飛びで、木棹に「張り縄」を張ってこれを飛び越え、高さを測った。木馬は「馬上飛び乗り」や「飛び越し」に用いられた。興味深いのは背丈の低い平均台を平行に二つ並べた器具である。高さは腰骨の上あたりまであって「手摺り」と呼ばれ、これは「臂(うで)の力を益す法」に用いられたという。この上で腕を突っ張って身体をささえたり、飛び入ったり、身体をひねって飛び出たりするのだから平行棒の原型だろうか。

地獄のような仏式調練

一八七〇（明治三）年、弘前藩津軽家の仏式伝習所では、次のような戯(ざ)れ歌の類が残されている。

弘前藩は軍制改革に対して保守的な藩のひとつであり、明治になってようやく和流を廃し、オランダ式の銃隊編制に切り替えた。この年七月、新政府もフランス式を採用するらしいということになり、弘前藩は仏式教師吉野芳次郎らを雇い入れ、藩士を寄宿舎に入れて大規模な調練事業を開始したのである。

ここにさえ、弘前伝習所咄しを聞くに、聞くもなかなかあわれな咄し、そのや由来を委(くわ)敷(しく)聞けば、明治午［一八七〇］年七月半ば、何のわけやらしらないけれど、世にも恐る

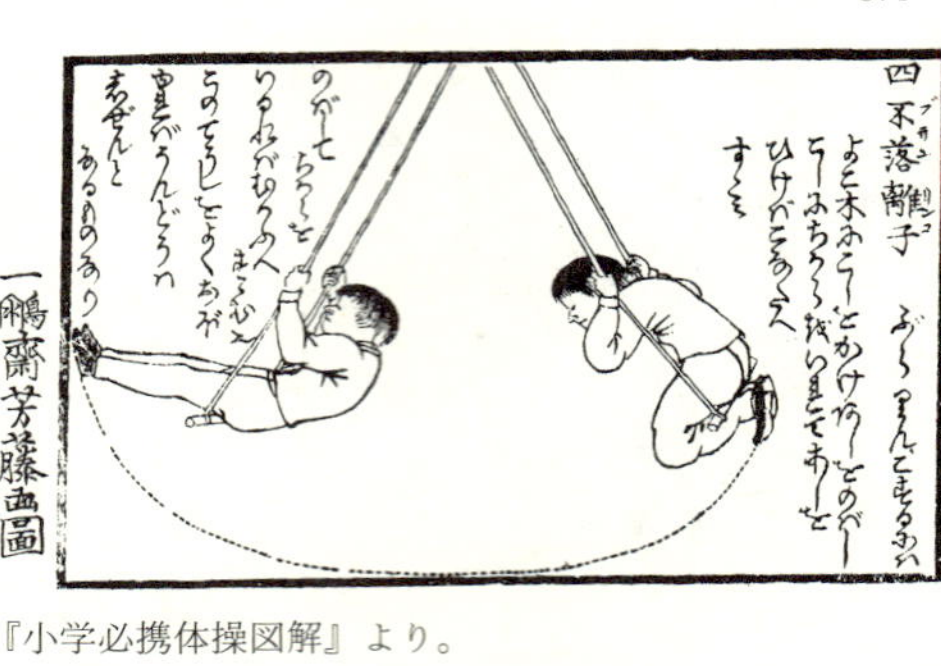

『小学必携体操図解』より。

る仏式ひらき、江戸名高き閻魔王下し、そのやえんまの有様見れば、悪鬼夜叉の荒れたる如く、見るも恐ろし身の毛もよだつ、数多士族のあるその中に、八十余人人撰いたし、涙ながらに入仏させて……、朝な夕なに六字が間、品を変々せめ具はござる、①鳥のせめとて八万地獄、身をば逆にぶらぶらさげる、②木馬ぜめとてちく生道か、③剣山から高飛こさる、一度飛ては五体もちまる［縮まるカ］、④臼で搗くのか手摺のせめに、肩の根きわも酔くる如く、餓鬼の地獄は二飯の食よ、眼くぼんてやせたる姿、⑤修羅の地獄か銃槍をしょい、殊に駈足追立てらるゝ、さんず川をば大飛びさせて、あまり草臥れ休みて居れば、後ろ方より大声あげて、如何に汝等おじゃぐもの［横着者］と、大の眼は常張鏡、髪を逆立てその有様は、只に身もよも消入る斗り……、よしやえんまにゆだねた身ぶん、かなしやんれい

（館山一「仏式伝習「口説節」」、『歴史公論』三（一〇）一九三四年）

いかがだろうか。「閻魔大王」にたとえられたのはもちろん伝習教師であり、「入仏」に

「仏になること＝死んで閻魔大王のいる地獄に行くこと」と「フランス（仏蘭西国）流に入門すること」を掛け言葉にしているのである。

「責め具」とされた①は「ブラリンコ」、②は木馬、③は「高飛び」、④は「手摺り」である。⑤は歩兵銃携帯の「大飛び」（幅跳び）調練であろう。

体操術は仏式調練の中に明確に位置づけられていた。一八七三年に国民徴兵制度ができると、日本人の身体を兵士の身体に変えていくために、フランス式の体操調練は重要な役割を果たしていくことになった。田辺は『新兵体術教練』を子供向けに書き直し、一八七四（明治七）年、『小学必携体操図解』として刊行した。これを新政府が兵式体操として学校教育に持ち込んだため、フランス顧問団が導入したこの体操調練は、現代に至るまで初等中等学校の体育教育に大きな影響を与えているのである。

4　明治政府と近代軍制の確立

幕府倒壊と新政府の成立

将来的にはフランス式の兵制で統一し、世界の列強に対抗するため、統一的な軍事体制を築こうとした幕府であったが、軍事改革の成果は皮肉にも国内戦争で試されることになった。一八六四（元治元）年から六六（慶応二）年にかけて、急進的な攘夷主義を唱え、反幕派の急先鋒であった長州藩毛利家との間で二次にわたる長州戦争がたたかわれた。幕府直属軍は健闘したが、幕府が動員した大名軍は寄せ集めであったため、この戦争は幕府軍の敗退に終わった（六七年一月解兵）。

反幕勢力は勢いを増し、薩摩藩島津家が長州藩と提携することによって有力大名による討幕派が形成されていった。一八六七（慶応三）年末、天皇を擁立する新政府が京都に成立し、翌年一月、京都南郊の鳥羽・伏見で新政府を支えた薩長軍と旧幕府軍が衝突した。その後一年余の戦い（戊辰戦争）の結果、旧幕勢力は敗退し、二六〇年以上続いた江戸幕府の体制は倒壊した（保谷 二〇〇七）。

このとき、顧問団の一員であったブリュネ砲兵大尉らが旧幕側に加わって箱館戦争に参加した。軍令に背き、教え子とともに戦う途を選んだものと考えられている。しかし英仏ら条約列強は局外中立を宣言したため、第一次顧問団は来日してわずか二年で契約を打ち切られ、帰国することになった。

陸軍は仏式・海軍は英式

倒幕を果たした新政府では、兵部大輔となった大村益次郎（長州藩出身）、あるいは大村の死後に兵部省を担った山田顕義らが、フランス式兵制を前提に大阪兵学寮の建設をすすめた。しかし、維新直後に諸藩（大名）が採用していた兵制をみると、むしろオランダ式やイギリス式の比率が高く（鈴木 一九九九）、中にはプロイセンから顧問を招いた紀州藩のような例もあった。新政府内部をみても、薩摩藩はイギリス式であったが、長州藩はフランス式を選択するなど、諸藩の足並みは揃わなかった。

このように諸藩によってまちまちな兵制を統一し、軍事的集権化をすすめることは新政府の最大の課題のひとつであった。そして幕府時代に建設にとりかかった軍事組織や造兵機関は、有能な旧幕府の人材とともに新政府に引き継がれていたから、フランス式による近代軍隊作りを継承することがもっとも合理的だった。結局一八七〇（明治三）年、兵部省はフランス式兵制採用の正式発令を上申し、三月、朝議によってフランス式採用が事実上確認され、四月にはフランス公使ウートレーへの申し入れ案が作成された。ここでようやく大勢が決したといえる。

第一次顧問団に所属し、その後駐日公使館に勤務したデュ・ブスケは、兵部省顧問となって徴兵制施行に関する提言を行い、また横浜駐屯軍の撤退を求める新政府に対し、フランスへの伝習依頼を助言したとされる。

外務卿寺島宗則（薩摩出身）のもと、箱館戦争で旧幕側に加担したブリュネの責任追及問題は兵制の決定を引き延ばすことになったが、フランス側がブリュネの軍籍剝奪を報知し、榎本武揚をはじめ旧幕軍幹部の赦免が行われたことによって、外務省も一八七〇（明治三）年六月三〇日、「これ［箱館の叛徒］に与みせし仏蘭西人に対し最早何等の遺恨を有せざる旨」をフランス側に伝達して、軍事顧問団の再招聘にたいする障害は取り除かれた。

一八七〇（明治三）年一〇月、政府は「陸軍はフランス式、海軍はイギリス式」と布告し、顧問団再派遣の交渉に入るが、第二次顧問団が到着したのは一八七二（明治五）年四月にずれこんだ。

この間、日本では大きな政治変革があった。一八七一（明治四）年七月、薩長土三藩の兵力を背景に、廃藩置県が断行されたのである。藩が廃止され、数百年にわたった大名による領有制度も撤廃されて中央集権体制が確立した。

徴兵制の導入とフランスの影響

一八七三（明治六）年、明治政府は国民皆兵の原則による徴兵制を施行した。この徴兵制度は、フランスとドイツ（プロイセン）の制に学んだものだと言われている。この西欧の大陸国家における徴兵制度について、幕府は幕末の早い時期から情報を得ていた。形になったものでは、幕府開成所で翻訳し、のちに柳河春三（しゅんさん）が取りまとめて出版した『西洋軍制』（一八六八年）がよく知られている。これはフランス軍制の概説書であり、フランスの徴兵制度が詳述されていた。兵部省顧問となったデュ・ブスケの提言も参照されたという。

幕府自身が行った兵賦徴発の制度も、西欧の徴兵制にならったものと考えられる。一八六二年、幕府はいわゆる旗本兵賦令を発し、旗本が差し出すべき軍役人数の半分を割いて、知行所の村々から百姓を取り立てた。一八六五年には幕府直轄の代官支配地から、一〇〇〇石一人の割合で御料所兵賦の徴発がはじまる。これも村々から百姓を取り立てたのであり、兵賦を差し出す責任を年貢同様に村々へ負わせたため、村々では兵賦一人について数十両にもおよぶ増給金を支払い、五年季のつとめを全うするよう送り出したのである。

兵賦として差し出された人員は、江戸市中で雇用された下層の武家奉公人とともに、幕府直属の歩兵や砲兵として用いられた。兵賦は西日本等では代金納されることになるが、全国に所在する幕府直轄地を四〇〇万石と見るならば四〇〇〇人は確保できるという構想であった。

新政府もこの兵賦徴発にならい、一八七〇（明治三）年一一月の徴兵規則にもとづき、翌年、いわゆる辛未徴兵を実施した。石高一万石につき五人の割合で全国から一律に兵卒を徴発したのである。二〇～三〇歳までの強壮な者を四年季で抱えいれる条件であった。この辛未徴兵は、近世以来の石高制や村請制の基盤の上に行われたが、一八七一年の廃藩置県によって中断を余儀なくされた。代わって登場するのが一八七三年の徴兵制度である。

初期の徴兵制は、一七～四〇歳の成人男子を国民軍に登録し、満二〇歳になると徴兵検査を行って、そのうちから常備三年・後備（第一・第二）四年の兵役に服させるというものだった。徴兵令の付録には一万五六〇人という徴集人員が明記され、これは全国の総石高三一二二万石に対し、辛未徴兵と同様に一五〇〇石一人（さらに故障者率三分の一を引く）の割合ではじき出した数字ではないかと言われている（加藤 一九九六）。

徴兵制の服役期間は、フランスの五年に対して常備三年間であり、これはドイツと同期間である。しかし特徴的なことは、免役条項（戸主・学生・官吏は免役）と代人料（二七〇円）の規定であり、これはフランスの一八三二年の徴兵令を直接的に参照したものと考えられ、徴兵制度の設立にフランスは大きな影響を与えていたのである。ただしフランスでも普仏戦争の敗北に学び、一八七二年の改正では免役規定をドイツと同様に猶予規定に変え、代人料を廃止している。

第二次顧問団と陸軍諸学校

さて、第二次顧問団の到着が遅れたのは、言うまでもなく普仏戦争の影響であった。一八七〇年六月（陽暦七月）に開始された普仏戦争は、セダンの戦いでナポレオン三世が降伏し、フランスの敗北に終わっていた。日本への顧問団派遣どころではなかった。

一八七二（明治五）年四月、マルクリー参謀中佐を団長とする一六名の顧問団が横浜に到着した。一行は、ジュールダン工兵大尉、エシュマン歩兵大尉、ペルサン軽歩兵中尉、デシャルム軽歩兵中尉、ルボン砲兵中尉など士官六名と、騎兵曹長やラッパ手、技術職を含む下士官一〇名から成っていた。この団員選定には、陸軍省官房にいたシャノワンヌがあたっており、フランス側でも第一次顧問団との継続性が配慮されていたのである。ジュールダンやデシャルムは第一次顧問団にも加わっていた。

政府は、一八七二年兵部省を廃して陸・海軍省を置いた。陸軍省の管轄下に入った兵学寮は大阪から東京に移り、幼年学校、教導団、戸山学校、士官学校（当初は仮士官学校）などが顧問団の指導下に相次いで設立された。このうち、教導団は下士官養成のための兵学校であり、戸山学校は現役士官・下士官の再教育のための学校であった。いずれも一八七五年までに陸軍省直轄となり、兵学寮は廃止された。陸軍諸学校のほか、軍馬局や病馬厩なども顧問団の指導を受けていた。そのほか軍事面でフランスに倣（なら）ったさまざまな制度設計が行われた。

陸軍士官学校長をつとめた曾我祐準少将は、顧問団に委嘱された内容を以下のように書き記している。

教師［顧問団］に嘱託された事項は如何というに、それは随分多端であった。兵学校の学科、術科、教導団及び諸隊の教習射的、剣術、体操、砲兵工廠建築、鋳造製造及馬医等で、余［曾我］は専らこの方面に当った。はじめは意思疎通を欠き、多少面倒もあったが、次第に好都合に運んだ。（『曾我祐準翁自叙伝』）

最も基本的な問題が統一的な兵式の普及・確立にあったことは幕末段階と同じである。一八七三（明治六）年、曾我は新調した陸軍兵学寮版『歩兵操典』（第二版）に次のような序文を寄せた。

曩（さ）きに明治四年刊行する所の歩兵操典は校正未だ完（まった）からず、書中往々誤謬を免がれず、故に今少佐長阪昭徳をして教師大尉越斯満（エシュマン）に就き、其誤謬を訂正し、間々或は其一、二を削奪・増補せしめ、更に命じて歩兵操典第二版と云、之を原書に参照せば、句々或は適合せざる者あらん、是此書専ら実地の施行を主旨とするを以ってなり

一八七三年、マルクリー団長に代わってミュニエ参謀中佐（のち大佐）が着任し、その後六年間にわたって団長をつとめる。この間、団員らはおおむね二、三年交代で勤務している。その人員は常時一五名前後、のべ四四名に及んだ。このほか、多くの政府雇用フランス人が日本で働いていた。

第二次顧問団の諸活動

陸軍士官学校はフランスのサンシール士官学校を模範としたと言われ、一八七五（明治八）年、旧幕時代と異なり、全国から集められた第一期生一五八名を迎え入れている。ただし、校舎の火災や西南戦争の影響もうけ、正式の開校式は一八七八年六月であった。士官学校では、数学・物理学・化学などの基礎学に加え、兵学・軍政学・築城学・地理図学などの専門があった。このほか千葉県習志野原での砲術演習など、各種の野外実習があり、また語学や歴史・地理教育のためにフランス人教師が別途雇用された。

当時の時間割（冬学期）をみると、士官学校の朝は早く、五時四五分起床、点検・朝食・回診があって、六時四五分から馬術ないし体操の時間がはじまる。八時三〇分から六時二五分まで、一時間の昼休みと短い休憩時間をはさみ、六つの講義と演習がぶっ通しで行われる。砲兵学・築城学・地理学・地理図学、そしてフランス語学などの講義と演習である。夕食後の七時〇〇分から九時四五分までは論理演習と質疑時間にあてられ、一〇時〇〇分消灯。これが学年ごとに月曜日から土曜日まで繰り返され、日曜日のみ外出が認められた。実にハードなスケジュールである（フランス国防省歴史資料部ＳＨＤ所蔵陸軍省史料）。

この陸軍士官学校をはじめ、各種の陸軍学校や造兵機関、軍事機関における指導の一方で、海防策の提案も顧問団へ諮問されている。

一八七三年、マルクリー中佐は東京湾の防御を中核とする太平洋側の主要地点の海岸防御策を陸軍省へ提出した。次いで来日したミュニエ中佐や、ジュールダン工兵大尉は、日本各地を実際に巡視し、一八七五年から七七年にかけて、日本海側も含めた沿岸部の防御計画を次々と立案した。ミュニエらの提案は、東京湾のほか、長崎・鹿児島・函館・新潟などの要地・要港、そして淡路・下関・備後・豊後各海峡など瀬戸内海への入口を砲台で固めることを目指していた（原 二〇〇二）。

陸軍省はこの提案を容れ、重点的な要塞建設に乗り出した。現在も東京湾に残る観音崎や猿島の要塞群、第一海堡などはこの時に着工したものである。

また、一八八四年にはフランス陸軍将校ブリュネの提言を用い、イタリアから砲兵将校を招き、その技術を移入して要塞砲の生産にあたった。ブリュネは、第一次顧問団に加わり、箱館戦争で旧幕側について戦ったかのブリュネである（同前）。

フランス式からドイツ式へ

このように、わずか一〇年足らずとはいえ、明治政府はフランス軍事顧問団に依拠して近代陸軍創設の基礎を築いていた。ところが一方で、政府部内には早い段階からフランスではなく、ドイツをモデルに軍隊建設をすすめようとする動きがあらわれていた。

一八七八年、政府はそれまで陸軍省の下にあった参謀局（第六局）を廃して参謀本部を設置し、軍政機関から軍令機関を独立させた。軍政とは「軍隊の編成・維持管理」を、軍令とは「軍隊の指揮命令」を指す（高橋ほか 二〇〇六、一ノ瀬俊也執筆部分）。参謀本部の独立は、モルトケ参謀総長が率いるドイツ陸軍のやり方に倣い、これを先取りしたものであった。軍事作戦に対する政治（文権）の介入を退け、軍の独走を招く統帥権の独立の端緒ともされる事件である（同前）。

フランスの第二次軍事顧問団は一八八〇年で契約が切れ、その後ベルトー大尉らの第三次顧問団（一八八四〜九〇）が来日するが、もはや数名の規模でしかなく、いわゆる士官教育の面でも直接外国教師団の支援をあおぐ段階から、日本は急速に「自立」化をとげていった。

また一八八三年、陸軍大学校が設立されると、一八八五年にはドイツからメッケル（Meckel）参謀少佐を新たに招聘し、戦術教育の充実がはかられた。陸軍に大きな影響力をもった山県有朋のもとで、ドイツ留学から帰国した桂太郎（のち首相）らがドイツ流を主唱し、それまでのフランス式の調練書などを次々と書き換えていくことになった。

こうした動きの根底には、外征軍隊への展開を志向するグループと国土防衛に限定しようとするグループの権力闘争があったと考えられている。鳥尾小弥太・三浦梧楼・谷干城・曾我祐準の「四将軍」が次々と現役を追われ、自由な兵学研究団体であった月曜会が解散（一八八九年）を命じられるなど、この闘争はドイツ流を志向する主流派の勝利に終わった。

おわりに

日露戦争（一九〇四〜〇五）後の一九〇九（明治四二）年、第二次軍事顧問団の一員であったルボン中将（陸軍高等会議員）、ヴィエイヤール中将（パリ軍務部工兵指揮官）、クレットマン少将（ポリテクニーク校長）、ガロパン大佐（工兵第四連隊長）らの叙勲記録が残されている。外相小村寿太郎の上奏文には以下のようにあった（内閣文庫「叙勲」記録）。

右は、明治五年より同十三年に至る間本邦に傭聘せられ、我軍事の未だ幼稚なる時に当り、陸軍士官学校に於いて泰西の軍事学、殊に砲兵科の学術を教授し、数年間精励倦まず、これが薫陶を受けたる幾多の将校は、成業後我が陸軍の兵制を確立し、今日の発達を来さしめたり、しかのみならず明治廿七・八年戦役（日清戦争）及び同三十三年事変（北清事変）、同三十七・八年戦役（日露戦争）に参加せる高級将校中、前記四名の教育を受けたるもの多く、其戦捷に依り国威を宣揚したるは、右諸官の教育亦与（またあずかっ）て力あるものにして、我軍事上に致せる功績顕著なり日本陸軍の基礎をつくったフランス顧問団の功績に対し、明治政府の褒賞はさまざまな機会に繰り返し行われた。しかし現実の日本陸軍は次々とドイツ流の軍制に切り替わり、大陸進出を目指す外征部隊として拡大していくことになるのである。

参考文献

Le Général Chanoine, *Documents pour servir à l'Histoire des relations entre la France et le Japon*, 1907.
大塚武松『幕末外交史の研究』（宝文館、一九五二年）
大場一義「田辺良輔の『仏蘭西軽歩兵程式』——蘭式から仏式へ」（蘭学資料研究会『研究報告』一〇三、一九六二年）
梅渓昇『明治前期政治史の研究』（未来社、一九六三年）
宮崎ふみ子「幕府の三兵士官学校設立をめぐる一考察」（近代日本研究会編『幕末・維新の日本』、山川出版社、一九八一年）
西堀昭『日仏文化交流史の研究——日本の近代化とフランス人』（駿河台出版社、一九八一年）
篠原宏『陸軍創設史——フランス軍事顧問団の影』（リブロポート、一九八三年）
藤原彰『日本軍事史』上下（日本評論社、一九八七年）

保谷（熊澤）徹「幕府軍制改革の展開と挫折」（『日本近現代史　維新変革と近代日本』、岩波書店、一九九三年）
保谷徹『戊辰戦争』（吉川弘文館、二〇〇七年）
鈴木淳「蘭式・英式・仏式――諸藩の〝兵制〟導入」（『横浜英仏駐屯軍と外国人居留地』、東京堂出版、一九九九年）
クリスチャン・ポラック『絹と光――知られざる日仏交流一〇〇年の歴史』（アシェット婦人画報社、二〇〇二年）
加藤陽子『徴兵制と近代日本 1868–1945』（吉川弘文館、一九九六年）
原剛『明治期国土防衛史』（錦正社、二〇〇二年）
高橋典幸・山田邦明・保谷徹・一ノ瀬俊也『日本軍事史』（吉川弘文館、二〇〇六年）

訳者あとがき

ルイ・クレットマンの孫、日記の発見者である故ピエール・クレットマン氏に初めてお会いしたのは一九九六年末、ちょうど来仏中の松野陽一教授（当時国文学研究資料館副館長）とご一緒であった。ルイ・クレットマンコレクションには田安家旧蔵の『献英楼画叢』四冊が含まれており、国文学研究資料館には田安家文庫が寄託されていたので、ピエールは新しい情報を求めて教授に会いにいらしたのである。この時フランス軍事顧問団やご祖父の滞日について、手短かに要領よくお話しくださった。私は、悪名高き日本陸軍の創設にフランスが大きく貢献したことなど全く知らなかったので、この話は耳新しく、そのまま一語一語頭に残った。その後ピエールはたびたびお便りをくださり、ご祖父についての調査の結果をご報告くださったが、惜しくも二〇〇三年に急逝されてしまった。彼の寛大で温和なお人柄、ルイ・クレットマンコレクションの意義を求めて日仏間を往復し、広報に尽くされた熱心な態度に心から敬意を表したい。

ピエール・クレットマンが翻刻、私家出版したルイの日記と書簡の改訂版は、日仏修好通商条約が締結されてから一五〇周年に当たる二〇〇八年刊行を目指して準備を始めたが、地名や人名などの確認に意外に時間を要し、二〇一五年出版と、大きくずれ込んでしまった。この二〇〇八年には条約締結一五〇周年記念行事が数多く催され、フランス学士院金石碑文・文芸アカデミーでも記念学会が開かれた。この学会でルイ・クレットマンコレクションの写真について発表する機会を得たが、その準備を進めていくにつれ、課題の重要さに気づき、とんでもないことを引き受けたものだと後悔したものである。富国強兵を掲げた明治政府にとって欧米の軍隊に匹敵する軍隊を創り上げるのは何よりも急を要することであった。この際非常に多くのことを学んだが、このような機会を与えてくださったフランス学士院会員ジャン＝ノエル・ロベール教授（コレージュ・ド・フランス教授、日本学高等研究所所長）に深く感謝申し上げる。

本書が出版されるまでには多くの方にお世話になった。まず、クレットマンの滞日記録の邦訳出版を希望され、ご推奨くださった今西祐一郎教授（国文学研究資料館前館長）に厚くお礼申し上げる。「東洋文庫」の一冊として出版できたのは今西教授のおかげである。また、東京大学史料編纂所の保谷徹教授（現所長）をはじめスタッフの方々にはコレクション中の写真の複製撮影をしていただいた。本書掲載の写真は史料編纂所撮影のものである。なお、保谷教授には、本書掲載の論文（三五四―八八頁）をフランス語改訂版のため特別にご執筆していただいた。ここに深くお礼申し上げる。それに、フランス語改訂版のため難問に挑戦し、ともに苦労を分かち合った馬場郁（かおる）（日本学高等研究所司書）、フランシーヌ・エライユ（フランス国立高等研究院名誉教授）、エリザベート・ヴァインベルグ・ド・トゥシェ（リール大学准教授）の各氏、またフランス語改訂版を無事出版まで漕ぎつけてくださった日本学高等研究所出版担当のナタリー・カザル氏にも友情と感謝の気持を表したい。特に、馬場氏からは本書に関しても翻訳をはじめ数々の問題点につき貴重なご教示をいただいた。

ところで、本書の編集を担当くださった元平凡社編集部の保科孝夫氏とは二十数年ぶりの再会である。というのは、一九九八年に平凡社の「フランス・ジャポノロジー叢書」の一冊として、ベルナール・フランク著『風流と鬼——平安の光と闇』が出版されたが、フランク教授は翻訳刊行準備中の一九九六年に急逝されたため、第一部第一章「源融と河原院」の注を私が担当し、編集者の保科氏にたいへんお世話になったのである。今回は、四月に転倒して右手首を骨折し、手術、入院などで出版準備がたいへん遅れ、非常にご迷惑をおかけしたにもかかわらず、辛抱強く見守ってくださり、前回同様ていねいに編集してくださった。心から感謝申し上げる。

二〇一九年一〇月　ベルサイユにて

松崎碩子

松崎碩子（まつざきせきこ）
東京生まれ。パリ・ソルボンヌ大学博士課程前期修了。もとコレージュ・ド・フランス日本学高等研究所所長。著書に、« Un Français découvre le Japon de Meiji : La collection Louis Kreitmann » (*Comptes rendus des séances de l'année 2008 avril-juin*, l'Académie des inscriptions et belles-lettres, 2008)、『満鉄と日仏文化交流誌「フランス・ジャポン」』（共編著、ゆまに書房、2012年）、復刻版『Revue franco-nipponne』（共監修、ゆまに書房、2014年）、『両大戦間の日仏文化交流』（共編著、ゆまに書房、2015年）などがある。

クレットマン日記
——若きフランス士官の見た明治初年の日本　東洋文庫898

2019年12月13日　初版第1刷発行

訳　者　松崎碩子
発行者　下中美都

印刷　藤原印刷株式会社
製本　大口製本印刷株式会社
DTP　平凡社制作

発行所　電話編集 03-3230-6579　〒101-0051
営業 03-3230-6573　東京都千代田区神田神保町3-29
振替 00180-0-29639　株式会社 平凡社
平凡社ホームページ https://www.heibonsha.co.jp/

ISBN 978-4-582-80898-8
NDC 分類番号210.6　全書判（17.5 cm）　総ページ392

乱丁・落丁本は直接小社読者サービス係でお取替えします（送料小社負担）